JN439445

걷는 자의 꿈 I

걷는 자의 꿈 I

전국 백운산을 찾아서

정다임 수필집

계간문예

책을 내면서

걷는 자의 꿈

대부분 우리는 살아가는 인생을 산길에 비유하곤 한다. 산길에는 오르막길과 내리막길이 있고, 흙과 바위의 절묘한 공존과 다채로운 풍광이 펼쳐지기도 하는 게 마치 우리가 목표를 향해 가는 길에 많은 시련과 아픔, 그리고 희열을 느끼며 살아가는 것처럼 느끼기 때문일지도 모른다.

산길을 가다보면 가끔 나무가 울창해 하늘이 보이지 않는 어두운 길이 있는가하면 가슴이 탁 트일 만큼 시원스런 조망을 가진 공간도 있다. 산길은 그야말로 우리가 생각도 못할 많은 요소들이 모여 정상을 향하고 있는 우리의 인생과 잘 맞는 것 같다.

최근에 산림청에서 발표한 산 이름이 무려 4,400개에 달하고 봉과 치를 합하면 약 8천여 개가 넘는다고 한다. 그리고 전국의 많은 산 꾼들은 그 산들을 오르기 위해 산림청은 물론 아웃도어 블랙야크에서 실시하는 100대 명산 이벤트에 참여하고 있으며 특히, 무엇보다 각 지역마다 나름대로 즐기면서 건강을 챙기는 산악회가 늘어나고 있는 추세다.

나는 산과 인연을 맺은 지가 40년 가까이 된다. 그동안 많은 산들을 오르고 또 오르다가 어느 날 문득 전국에 백운산이 몇 개나 되는지 궁금해졌다.

그리고 이왕 산에 다니는 거 전국에 백운산을 다 올라보고 싶은 생각에 찾기 시작했다. 그리고 白雲산 32개와 白雲봉 4개, 白雲대 1개(강원도 5개, 대전 · 충청남 · 북도 5개, 부산 · 경상남 · 북도 12개, 서울 · 경기도 6개, 전라남 · 북도 9개)를 찾아 산행(경계에 있는 산은 산행출발점을 '도' 에 포함)을 하기로 했다. 백운산은 대부분 그 지역에서 큰 산이나 그 지역을 대표하는 산으로 흰 구름이 늘 머물러 있는 데서 유래된 점이 공통적이었다. 산행을 하면서 느끼는 건 '白' 자는 '밝다' 에서 유래된 이름으로 白雲을 풀이하자면 하얀 구름이란 뜻으로 불가의 탈속을 의미하는 것이다. 산허리에 구름이 걸려 있으면 이 같은 이름이 붙게 된 것으로 볼 수 있으며 옛 사람들이 산을 인간 세상에 광명을 주는 신성한 곳으로 여겼기 때문일지도 모른다는 생각이 들었다.

홀로 가는 여행에서 늘 떠오르는 글은 '내가 할 수 있을 때 인생을 즐겨라' 였다. '전국 백운산을 찾아' 가는 길에 때로는 눈이 쌓여 허벅지까지 빠져 걷기가 힘들 때도, 장대 같은 소낙비를 맞으며 걸을 때도, 폭염에 시달려 숨이 막힐 때도 있었지만 산을 오를 때마다 느끼는 기쁨과 희열은 그곳을 가보지 않은 사람은 감히 어떤 말로 어떤 글로 표현하고 논하지 못 할 것이다. 누군가는 영혼을 담아 살아가고, 누군가는 순정을 담아 세상을 살아간다고 한다. 나는 산에 오를 때마다 맑고 푸른 기운이 나를 감싸고 건강한 삶을 살 수 있도록 해 주었기 때문에 지금 내가 존재한지도 모른다는 생각을 늘 해 왔다.

그동안 산을 오르기 위해 전국을 편안하게 다닐 수 있게 해주며 나를 지켜봐 주던 남편과 지인, 무지의 길을 함께 걸어주었던 친구들과 열리지 않은 길을 손수 열어주신 완도 등산연합회 회원들, 그리고 보이지 않는 곳에서 무한의 응원을 보내준 고마운 분들이 있었기에 무사히 산악일기를 마칠 수 있었다. 그 분들께 다시 한 번 심심한 감사의 말을 전하고 싶다.

山兒(에바골) 정다임

축사

백운산을 찾는 힘찬 발길

정 현 복
(광양시장)

이제 완연한 봄기운이 세상을 휘감고 길가의 꽃들이 서로 다투는듯 꽃망울을 터뜨리며 봄의 향연을 벌이고 있습니다. 때를 같이하여 오랜 준비 끝에 귀한 책 《걷는 자의 꿈》(부제:전국 백운산을 찾아서)이 탄생하게 된 것을 진심으로 축하합니다.

이 책이 세상 밖으로 나오기까지 각고의 정성과 애정을 기울이셨을 정다임 작가께 감사의 말씀을 드립니다.

정다임 작가는 광양시청 공원녹지과에 근무하는 숲 해설가로 우리 시에 있는 백운산을 그 누구보다 가장 잘 알고 사랑하는 분입니다. 백운산을 아끼고 사랑하는 마음과 열정을 모아 전국의 백운산 37곳을 직접 찾아 걸어보고, 그 발걸음의 기억들을 책으로 담아냈습니다.

우리 시에 있는 백운산은 해발 1,222m로 1,000여 종에 달하는 희귀식물이 자생하는 자연의 보고입니다.

봄이면 뼈에 이롭다는 고로쇠 수액이 생산되며, 여름이면 4대계곡인 성불계곡, 동곡계곡, 어치계곡, 금천계곡이 피서지로서 인기를 끌고 있습니다.

또한, 백운산 정상에서 바라보는 광양만光陽灣과 섬진강 너머로 보이는 지리산의 힘찬 능선은 등산객들의 탄성을 자아내기에 부족함이 없습니다.

수많은 이야기와 삶의 숨결을 품고 있는 백운산을 누구나 쉽게 걸어볼 수 있도록 우리 시는 지난 2015년부터 둘레길을 정비해 나가고 있습니다.

또한 지난 3월 백운산 자연휴양림 일원이 전라남도 최초이자 전국에서 8번째 산림복지지구로 지정되면서, 치유와 힐링, 산림레포츠 등 다양한 산림복지서비스를 제공을 위한 기반시설 확충에 역량을 쏟고 있습니다.

독자 여러분께서도 건강과 행복을 선사하는 백운산을 찾아 정다임 작가가 걸어본 길을 걸으며 백운산의 아름다움에 흠뻑 취하셨으면 좋겠습니다.

건강을 위해 산에 오른 어린 시절 그 순간부터 오늘날 방방곡곡 산을 누비기까지 매순간 첫 발을 뗀 그 용기에 다시 한 번 박수를 보내며, 《걷는 자의 꿈》이 많은 독자로부터 사랑받길 바랍니다.

감사합니다.

격려사

백운산을 찾는 힘찬 발길

박 지 연
(수필가 · 국제PEN한국본부 자문위원)

이번 출간될 정다임의 수필집을 감수하면서 남한 땅에 백운산이라는 이름을 가진 산이 37개가 있다는 사실을 처음 알았다. 감히 우리는 상상도 못한 커다란 꿈을 가지고 이 산을 하나하나 정복한 이가 바로 정다임이다. 길이 없는 곳도 길을 내며 때로는 물어서라도 그 험한 길을 헤쳐 정상에 오르면서 갖가지 어려움도 아랑곳하지 않는 그의 담력과 용기에 놀라지 않을 수 없었다.

그의 말대로 '사람은 길을 내고 길은 사람의 운명을 실어 나른다.' 고 한다. 그 많은 백운산을 길동무도 없이 모진 바람에 휩쓸리지 않고 이뤄 낸 그의 담대함이 예사롭지 않다.

산을 오르다 보면 빽빽이 들어선 수림에 다가서기도 하고 무척 까다로운 밀림 속을 헤쳐 나가는 기술조차 대단하다. 우리는 아무도 없는 깊은 산 속에 홀로 놓이면 무서움부터 앞서겠지만 이 강심장 필자는 즐겁게 콧노래 부르며 즐거움으로 이러한 어려운 고비를 넘는다. 말이 그렇지 얼마나 긴장하겠는가. 숨조차 가파르게 내쉬어도 가는 길은 멈추지 않고 눈발이 하얗게 쌓인 눈 위에 곰 발자국이라도 발견할 때면 그도 몸이 오싹 무서움이 든다고 했지만 그 스스로 달래며 담대하게 나갔다.

그의 험난한 산행은 산에 대한 감사이고 보답이라 여기며 피곤하고 지친 중에도 일일이 차분하게 아름다운 경관을 묘사하고 역사성까지 산에 내려오는 설화나 야화도 찾아내 재미있게 풀어내며 그 과정을 놓치지 않고 산행일기를 써 놓았다. 그의 준비된 작가정신을 보며 문학적 소양을 타고 났음을 보여 주었다.

뭐니뭐니해도 그의 백미는 마지막 작품에서 그에 대한 해답을 얻으며 필자가 왜 그토록 산을 사랑하고 산에 대한 애정이 그렇게 깊은가를 알 수 있었다.

〈전국 산림치유 체험수기〉 대상에서 쓴 작품을 읽으며 나는 눈물을 흘렸다. 그 밝고 명쾌한 성격의 소유자가 어떻게 그 아픈 과정을 견디어 왔는지. 골수염이란 무서운 병으로 그같이 엄청난 고통을 수반하리라는 것을 미처 몰랐었다. 새삼 그가 안쓰럽기 그지없었다.

그는 입지전적인 사람이다. 오랫동안 고난의 몸으로 산에 의지해 살면서 건강을 회복하고 삶의 온갖 시련을 산을 통해 치유 받고 산에서 다시 태어났다. 지금은 산을 통해 행복을 누리며 성공한 사람이다. 참으로 아무나 할 수 없는 강인한 정신과 중단 없는 인내심과 노력에 최고의 찬사와 박수를 보낸다.

누구라도 스러져가는 자신을 찾고 희망을 가지며 건강한 육체로 회복하기를 원한다면 이 책을 읽어 보기를 권한다.

■ 차례

제 1 부

제 2 부

대전 & 충청도

Daejeon Chungcheong-do

제 3 부

부산 경상도 Busan Gyeongsang-do

제 4 부

서울 & 경기도

Daejeon

Chungcheong-do

제 5 부

전라도 Jeolla-do

제 1 부

강원도

Gangwon-do

1. 하이원 하늘 길 **정선백운산**
2. 용의 전설이 서린 **원주백운산**
3. 동강의 물줄기에 발 담근 **정선백운산**
4. 원시림이 살아 있는 **원주백운산**
5. 저고리로 어깨를 감싼 **원주백운산**

1. 하이원 하늘 길 백운산

높이: 1,426m

위치: 강원도 영월군, 정선군

산행코스: 막골–약수암–전망대–정상–마운틴 탑–강원 랜드–고한 역
(소요시간: 5시간/ 난이도: 중)

별미: 곤드레 나물밥, 곤드레 전 등

주변관광: 아리랑 박물관, 자개골, 민둥산, 동강할미꽃 마을 등

※ 가이드 팁: 네비게이션 주소–정선군 고한읍 고한로 166(고한역)

강원도에는 5개의 白雲山이 있다. 그중 하이원 하늘 길 백운산은 고한읍과 영월군에 걸쳐져 있다. '하늘 길' 이란 백운산 일대에 해발 1000m 이상의 고지대에 조성된 숲길이다. 그곳은 지리산의 둘레길 그리고 제주도 올레길 과는 차원이 다른 하늘위에 떠있다는 뜻이며 남한에 백운을 가진 이름 37개 중에 가장 높은 산이다. 사방팔방 뻗은 산줄기는 동남쪽 함백산(1,573m)과 서북쪽의 두위봉(1,466m), 북동쪽의 대덕산(1,307m) 등과 함께 태백산맥의 고지대를 형성하고 산위에 흰구름이 드리워진 뜻에서 유래되었다고 한다. 등산로는 대체적으로 완만하며 봄철에는 진달래와 철쭉으로, 여름철이면 울창한 수림에 각종 야생화로, 가을이면 오색단풍과 겨울이면 하이원 스키장에서 뿌려주는 눈 때문에 언제나 멋있고 아름다운 눈꽃산행을 즐길 수 있다.

산행코스는 다양하게 많지만 나는 막골마을에서 산행을 시작했다.

막골마을은 고한 역에서 강원 랜드 숙소 방향으로 가다가 굴다리를 지나 좌측 길을 10여 분 걸어 들어간다. 마을 입구에는 백운산 등산지도와 이정표가 있고 포장길을 따라 마을 안까지 걸어가면 마을 맨 위에 약수암에서 부터 본격적인 산행이 시작된다.

푹신한 산길에 태초의 신비가

8월의 작렬한 태양은 첫발부터 온몸을 땀으로 적시고 늘씬한 여인의 각선미처럼 쭉쭉 뻗은 잎갈 나무와 활엽수 사이에 설치된 안전로프구간을 지나 능선에 도착하면 정상이 3.2㎞ 남았다는 이정표와 벤-취가 있다. 울창한 수림 사이로 나뭇잎이 깔린 푹신한 산길은 보기만 해도 상쾌하다. 간간히 세워진 이정표는 산행의 고도를 서서히 높여가지만 완만하고 아주 부드럽다.

문득 '사람은 길을 내고, 길은 사람의 운명을 실어 나른다.' 는 글귀를 생각하며 복병처럼 덮쳐오는 향긋한 나무 향에 취해 나는 한참을 더위와 걷다가 확 트이는 전망 좋은 곳에 도착한다. 그곳에서는 멀리 골프장에 골퍼의 스윙하는 모습이 보일 정도로 시야를 넓힌다.

눈앞에 보이는 곤돌라는 하이원 호텔에서 스키장의 최정상인 마운틴 탑을 오가고 등산로를 따라 곤돌라 철탑 삼거리에 백운산이 0.6㎞남았다는 이정표가 있다.

일부 구간에서 오래전 석탄을 운반하던 운탄 로와 산판 길에서 아련한 옛 정취가 물씬 거린다. 특히 주목군락지와 자작나무 그리고 사스레피 나무 군락지와 돌처럼 단단한 돌배나무 등의 고목들이 일반 산에서는 보기 어려운 태초의 신비를 품고 있는 듯하다.

살아서 천년 죽어서도 천년 간다는 주목나무는 하늘 길을 걷는 사람들의 발길을 멈추게 한다. 주목나무 나이는 현재 국내에서 가장 오래된 정선두위봉의 주목과 크기가 같다고 보도된바 있으며 1,500년으로 추정된다. 간간히 멧돼지 흔적은 온몸에 털끝이 날을 세우며

마천 봉에 발을 올려놓았다.

마천봉은 백운산에서 가장 높은 봉우리로 '백운산마천봉' 이라 적힌 커다란 표지석이 전망 데-크 위에 세워져있다. 또한 사방으로 보이는 봉우리들과 스키장 시설물들을 알 수 있게 조망판이 친절하게 있어 보이는 봉우리 이름과 능선 등을 맞춰 보는 재미가 쏠쏠하다. 손에 잡힐 듯 한 함백산과 태백산, 그리고 그사이 만항재가 시야에 들어온다. 만항재는 우리나라 포장도로 중 가장 높은(1,330m)곳으로 매년 8월이면 야생화 축제가 열리는 곳이다. 산세는 1,000m급 이라는 수식어가 무색할 정도로 부드러우며 조망 또한 어디 내 놓아도 손색이 없다.

야생화 길을 걸으며

정선 땅은 우리나라 최고의 위락시설인 카지노, 골프장, 스키장, 리조트 등이 백운산 줄기 끝에 방울방울 사방으로 달려 있다. 등산로 양변에 핀 마타리, 엉겅퀴가 애틋한 모습으로 여름을 노래하고 있는 길을 지나 마운틴 탑까지는 철쭉나무가 숲을 이루고 있다. 많은 사람들이 곤돌라를 타고 와 산정에 부는 바람을 잡고 여름을 태운다. 마운틴 탑은 회전식 레스토랑으로 한 바퀴 도는데 45분 걸린다고 한다.

하산은 고한 역으로 가기 위해 마운틴 탑에서 스키장으로 내려섰다. 하늘 길의 백미인 '하늘마중 길(3.6㎞)' 과 탄광으로 인해 생겨난 '도롱이

연못' 은 시간 관계상 패스를 시킨 것이 아쉽긴 하지만 강원도에서 전라도까지 거리가 있어 원점 산행을 고집해야만 한다. 도롱이 연못은 1970~1980년대 동원탄광에서 무연탄 채취 때 굴진으로 인해 지반이 내려앉아 자연적으로 연못이 형성된 곳으로 연못 둘레가 150m정도라고 한다.

스키장으로 내려서는 곳에는 이정표가 없어 고한 역 방향을 보며 스키장을 내려오자 길은 쉽게 열렸다. 무성하게 자란 일년생 고지대 풀들이 한여름 뙤약볕과 가뭄에 물을 호소하는 목마름에 마음이 아파온다.

[2014. 8. 11]

2. 용의 전설이 서린 백운산

높이: 1,087m

위치: 강원도 원주시 판부면, 충청북도 제천시

산행코스: 백운산 자연휴양림-백운정-정상-오두봉-자연휴양림
(소요시간: 4시간/난이도: 중)

별미: 바지락 칼국수, 얼큰 순대

주변관광: 소금강출렁다리, 상원사, 구룡사, 치악산.

※ 가이드 팁(교통): 원주에서 서곡리행 시내버스: 하루 9회 운(후리사터 하차)

네비게이션: 백운산자연휴양림(강원도 원주시 판부면 백운산길)

★ 산행코스

① 백운산자연휴양림 – 좌측임도 – 송신탑 – 백운산 정상

② 휴양림관리사무소 – 야외무대 – 좌측능선임도 – 정상

③ 야외무대 – 용소폭포 – 백운정 – 정상

그 외 충북제천에서 오르는 방법도 있다.

이곳 백운산은 장중한 육산으로 골짜기가 깊고 품이 넓은 산이다. 원주시 동쪽을 성곽처럼 에워싸고 있는 치맥산맥이 남대봉 아래 잠시 맥을 낮추었다가 서쪽으로 서서히 고도를 높여 가장 높게 솟구친 봉우리다. 백운산 정상부에서 북쪽으로 흐르는 계곡인 용수골은 용의 전설이 서린 대용소와 소용소가 있다. 그곳에 사통팔달의 교통요충지인 백운산 자연휴양림이 있다.

아름다운 계곡에 이야기를 들으며

고요 속에 잠들어 있는 휴양림에 매서운 찬 기류가 산허리를 맴돌며 온몸을 움츠러들게 하는 이른 새벽이다. 나는 배낭을 메고 발에 아이젠을 채운 뒤 눈이 덮인 등산로에 그림자를 앞세워 발자국을 만들며 등산로 ③을 선택하여 계곡을 넘어갔다.

울창한 숲과 맑은 물, 기암괴석이 어우러져 비경을 이루

는 계곡에는 옥황상제의 외동딸이 은하수를 타고 내려와 목욕을 하는데, 그녀를 짝사랑하던 용이 승천하려다 벌을 받고 이곳에 떨어져 죽었다고 하는 용수연이 하얀 얼음으로 다가오고 그 위에 천년을 살던 이무기가 용이 되어 하늘로 승천하고자 수천 번 폭포를 오르려 노력하였으나, 승천하지 못하고 빠져 죽었다는 용소폭포도 계곡의 미를 한층 빛내고 있다.

등산로는 계곡을 벗어나면서 가파른 오르막으로 시작된다. 찬바람이 옷 속을 한바탕 휘젓자 거친 숨소리와 하얗게 뿜어내는 입김은 새벽 찬 공기에 흡입되어 30여 분 헉헉 거리다 백운정에 닿았다.

백운정에서 내려다 본 용수골 하류가 울창한 숲으로 회색빛 어둠에

덮여 있다.

바람이 골짜기에 주저앉아 울고 있지만 나는 산허리를 감고 도는 좌측 임도를 따라 정상이 1.4㎞남은 곳에 도착했다.

겨울산행의 묘미는 칼바람 맞으며 눈길 걷는 것

어둠은 서서히 걷히고 정상으로 가는 길은 꽁꽁 얼어 미끄럽다. 손잡을 곳이 없는 곳에서는 사정없이 엉덩방아를 찧으며 거친 숨을 몇 번이나 토해내고서야 송신탑과 이어지는 능선에 도착했다. 능선은 비교적 완만한 길을 이루고 거친 숨을 고를 수 있어 주위를 둘러보자 일본 잎갈나무 군락과 잣나무 군락이 깔끔하고 시원스럽다. 앙상한 신갈나무는 옷을 벗은 채 추위에 떨고 있다.

능선의 바람은 말 그대로 칼바람이다. 쌓인 눈이 바람에 밀려 둑이 된 등산로는 무릎까지 푹푹 빠지며 제법 겨울산행의 묘미가 쏠쏠하다. 혼신을 다해 된비알로 20여 분 올라가자 제천시 백운동에서 상리계곡을 거쳐 올라오는 길과 손을 잡았다. 상리계곡은 맑고 깨끗한 계류수가 흘러 속세를 떠난 듯한

기분을 젖게 한다는데 그곳은 다음 기회에 탐방해 보기로 하고 정상으로 걸음을 옮겼다. 정상에는 원주시에서 세운 정상석과 제천시에서 세운 정상석이 서로 달라 2개의 도가 엇갈림을 보여주고 있다.

태고의 신비를 그대로 간직한 산

북쪽으로 원주시내가 그 오른쪽으로 치악산줄기가 한눈에 보인다.

이곳 백운산은 비록 치악산의 명성에 가려 잘 알려져 있지 않지만 중부지역의 큰 산으로 훼손되지 않고 태고의 신비를 그대로 간직하고 있어 지역 주민의 사랑을 듬뿍 받고 있는 산이다. 뒤돌아보면 동서로 암탉이 제 새끼를 품듯 날개를 펼치며 제천시 백운면을 감싸 안은 백운산 줄기가 믿음직스럽고 포근하기만 하다. 동으로 보름갈이 봉, 수리봉(910m), 벼락바위 봉이 펼쳐지고 그력재를 지나 구학산(983m)이 그 웅장함을 이어간다. 서쪽으로 오두봉(966m), 십자봉으로 이어지는 산줄기가 장쾌함을 이루고 있다.

하산 길은 어느 곳을 선택해도 무방하다. 나는 정상에서 오두 봉을 거쳐 칼바람과 함께 산림휴양 관으로 내려와 오늘의 여정을 마감했다.

산을 오르는 것은 속세의 물욕을 뿌리치고 나를 내려놓고 인간으로서 바른길을 찾고자 자연에 묻혀 그 엄한 법칙을 배우며 그곳에서 얻어지는 지혜로운 삶의 지침은 곧 희열이리라. (2013. 1. 26.)

3. 애환이 섞여 있는 동강 백운산

높이: 882m

위치: 강원도 정선군, 평창군

산행코스: 점재마을 – 정상 – 칠족령 – 제장마을

(소요시간: 3시간/난이도: 상)

별미: 메밀국수, 곤드레 나물 밥, 황태 찜.

주변관광: 아우라지, 화암동굴, 동강할미꽃 마을,

※ 가이드 팁 : 점재마을에서 제장마을까지는 신동읍 택시로 이동. (요금은 15,000원)

주소 : 강원도 정선군 신동읍 문치리 점재마을

레프팅으로 유명한 정선군의 동강은 약 51km에 달하며 중간에 6개의 봉우리로 된 백운산이 있다. 백운산을 동강에서 바라보면 정상에서 서쪽으로는 마치 삼각형을 여러 개 겹쳐 놓은 듯 하며, 동쪽으로는 칼로 자른 듯한 급경사의 단애로 이루어 져 있어 등산로는 대체적으로 가파르고 거칠다.

하지만 경관이 아름답고, 조망이 좋은 이곳 백운산과 동강은 생태계 보존지역으로 지정되어 있다. 산행의 진미는 뱀이 똬리를 틀은 것같이 굽이굽이 돌고 돌아가는 산줄기를 따라 산행 하는데 있지만 군데군데 위험 구간이 많아 비가오거나 눈이 왔을 때는 산행을 피하는 게 좋다.

또한, 멍석을 깔고 누우면 하늘이 멍석 만하게 보인다는 첩첩산중의 정선 땅을 흐르는 동강은 그 이름만큼 사연이 많다. 댐건설로 동강이 동강날 판이었다는 웃지 못 할 이야기나 다시 댐 건설 백지화로 인해 가슴앓이 하는 수몰 예정지역 주민 이야기들 모두 예나 지금이나 애환이 섞여있는 듯하다.

삼복 무더위가 기승을 부리고 있는 2013년 여름. 나는 백운산이 있는 지도를 꺼내 어둠이 깔린 남해고속도로와 구마고속도로 그리고 다시 중앙고속도로에 있는 남 제천IC를 빠져나와 '예미초교 운치분교' 앞에 도착했다.

그곳에서 다시 동강 물줄기를 따라 정선–평창간 42번 국도에 '백운산 등산안내도' 라고 쓰여진 간판이 있는 곳에서 세월교를 건너 좌측으로 백운산주차장이라고 쓰인 곳에다 차를 세우고 점재 마을로 들어갔다.

줄줄이 이어진 천길 벼랑은 천혜의 비경

마을 안을 지나 맨 꼭대기 집에 이르자 "색시 주차비 내고 가이소."한다. 순간 놀라 뒤를 돌아보자 할아버지는 주차장에 차를 세웠으니 요금(4,000원)을 달라고 하신다. 요금을 지불하자 할아버지는 그때서야 빙그레 웃으시며 등산로와 자세한 산행정보를 주신다. 등산로는 왼쪽으로 내려가 본격적인 산행이 시작되고 동강을 발판삼아 우뚝 서 있는 바위가 하늘을 찌를 듯한 기세로 치솟아 있다. 짙은 안개가 가득 낀 여정의 길은 바위가 기세를 부린 만큼 첫발부터 얼굴 닦기가 무섭게 땀방울이 흘러내리고 더위에 시달려 땀에 젖고 피로에 지쳐 걷는 걸음은 된비일이다.

무거운 걸음은 한바탕 흘린 땀의 덕분으로 능선에 올라서 아래

를 보니 줄줄이 이어진 천길 벼랑 낭떠러지에 푸른 숲이 어풍唹風대며 까마득한 절벽이 갈증에 현기증까지 느끼게 하며 걸음을 한 발짝 뒤로 물러서게 한다. 정신을 차리고 그곳에서 구슬 같은 땀방울을 닦아낸 뒤 활엽수들이 내어준 등산로에 바위를 기어올라 동강을 바라보았다. 그곳은 마치 곡선을 이룬 여인의 아름다운 몸매처럼 부드럽고 아름답고 태고의 신비와 천혜의 비경까지 갖추고 있었던 것이다.

아름다운 풍광에 생기를 얻다

나는 강원도 산 속 깊숙이 숨어서 말없이 흘러가고 있는 이곳에 온 것이 자랑스럽다. 어디선가 하늘을 날아 회색빛 안개가 심술이라도 난 듯

아름다운 풍광에 내려앉아 조망을 삼켜 버린다. 전라도 광양에서 강원도 정선까지 어둠을 뚫고 숨 가쁘게 달려와 혼돈의 시간을 비껴가며 거친 숨소리를 울리며 땀이 범벅되어 있는 된비알인 두 다리를 세 개의 돌탑(정상)이 세워져 있는 초록의 숲에 앉혔다. 그리고 침묵의 시간이 말없이 흘러갔다.

한여름 폭염 때문인지 산길에는 찾는 이의 발길이 끊기고 홀로 선 산정에서 축 쳐진 몸뚱아리에 충분한 휴식을 채워 생기를 찾아 몸을 일으켰다. 하산 길은 숲길과 물길을 나란히 두고 걷는 칠족령으로 발길을 재촉했다. 산길은 바람만 불어도 추락할 것 같은 급경사로 위험하기 그지없다. 곳곳에 '추락위험구간이오니 안전사고에 유의' 하라는 표지판이 위협을 주고 갈 길은 먼데 다리는 무거워지고 피곤이 온몸에 스며든다.

혼신을 다해 나무를 잡고 앉은뱅이 자세로 험한 길을 내려와 나무사이로 비치는 동강의 모습을 보니 뼝대라는 말이 생각난다. 뼝대는 이곳 사투리로 종종 실종사고가 나니 각별히 조심하라는 뜻이다. 칼로 자른 듯한 급경사 길을 내려왔나 싶더니 다시 오르막이 시작되어 안전로프에

의지하여 1시간 정도 걷다보니 칠족령이다.

칠족 령에서 왼쪽으로 내려가면 정선 고성리 제장마을, 오른쪽으로 내려가면 평창 마하리 문희마을이다. 칠족령이란 지명은 문희 마을에 '문희' 라는 개가 발바닥에 옻칠을 하고 이곳을 넘어 다녔다는 데서 유래되었다는 이야기가 재미있다. 문희 마을부터는 평창군 동강지역이다. 하늘은 갑자기 시커먼 구름을 몰고 와 가느다란 빗줄기를 뿌린다. 다시 걸음을 재촉해 오르락내리락 힘이 빠진 몸은 제장마을에 닿았다.

제장마을에는 레프팅을 즐기는 사람들로 가득하다. 시원한 강줄기에 유유히 내려가던 레프팅을 타던 사람들로부터 갑자기 들려오는 환호성에 움직이는 물살을 뒤로 하고 먹구름이 몰려와 빗줄기를 뿜어댄다. 비에 흠뻑 젖어 제장마을 어귀에서 택시를 불러 점재마을로 향해 가는 내 모습이 물에 빠진 생쥐모습이리라.

(2013. 8. 10)

4. 원시림 그대로 원주백운산

높이: 724m

위치: 강원도 원주시 귀래면

산행코스: 다리골 입구 – 백운산 – 능선 분기봉 – 인벌 골 임도 – 만나 수양원 – 운암동(운남 저수지)

별미: 귀래일성 농원가든(자연산송이의 토종닭백숙, 도토리묵, 감자채전)

주변관광: 원주 한지 테마파크, 소금강 출렁다리, 치악산 자연휴양림 등

※ **팁 가이드**: 주소– 강원도 원주시 귀래면 운남리 산41

쉽게 오를 수 있는 코스: 천은사에서 십자 봉을 올라 백운산을 찍고 수리봉을 거쳐 운암 저수지로 하산 하는 게 가장 현명한 산행이라 하겠다.

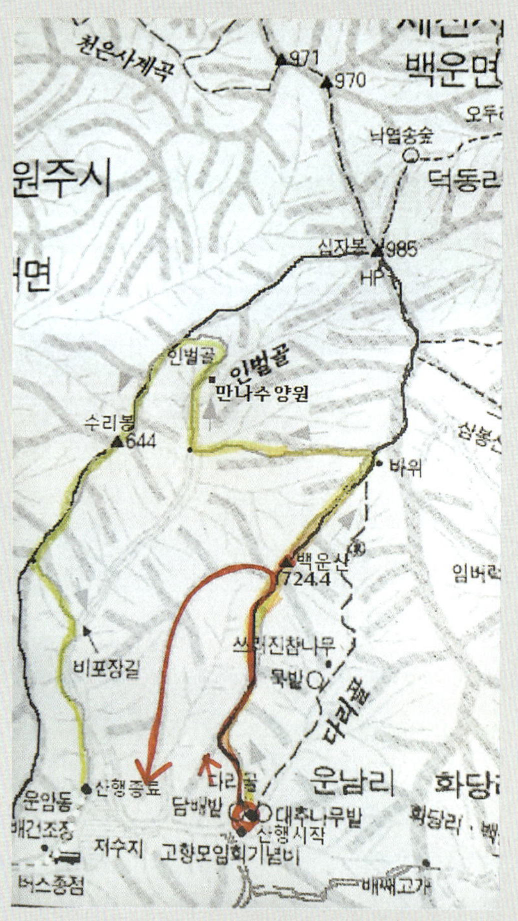

빛바랜 시그널이 길 안내

어둠이 짙게 내려앉은 새벽4시, 은영이 부부와 남해고속도로–대전~진주 간 고속도로–경부고속도로–중부고속도로 그리고 중앙고속도로를 거쳐 동 충주IC를 빠져나와 원주시 귀래면 운남리 다리골 앞에 도착했다. 이곳 백운산은 다녀간 사람들이 남긴 흔적을 찾지 못해 정보가 없어 2번이나 산 입구를 찾지 못하고 이번이 3번째 도전이다. 그래서 이번에는 '아는 길도 물어 가라'는 말을 되새김질하며 '고향 모임회 기념비'와 '마을 표지석' 있는 곳에 차를 세운 후, 두꺼운 돕바를 껴입고 길가에 있는 집 대문을 두드렸다.

"계십니까?"

"거기 누구요?"

"네 이곳에 있는 백운산 등산로 입구 좀 여쭤 보려고요."

"아~백운산 가시구마?" 집주인은 한파가 기승을 부리는데도 슬리퍼를 신고 현관문을 나오시며 "저기 왼쪽 밭고랑을 질러 잣나무가 보이지라? 잣나무 옆으로 등산로가 있다우. 이 추운 겨울에 뭘 헐라고 산에는 가는지 원" 하고 혀를 끌끌 차며 들어간다. 우리는 집주인의 뒤통수에다 대고 몇 번이나 고맙다고 고개를 끄덕이며 밭고랑을 넘어 잣나무가 서 있는 산 밑으로 갔다.

하지만 빽빽이 들어선 잡목과 가시덩굴이 무성하여 길은 보이지 않고 멧돼지의 흔적만 여기저기 보였다. 용기를 내어 거친 숲을 헤치는데 서울ㅇㅇ산악회의 빛바랜 시그널이 바람에 흔들거리며 반갑게 길을 안내해 준다.

산길을 찾았다는 안도의 숨을 쉬며 시그널을 따라 먼저간 산님의 희미한 흔적을 밟으며 능선에 올라서자 등산로는 좌측에서 올라오는 길과 합류되었고 긴장과 설렘은 지칠 줄 모르고 계속 오름길을 올랐다. 앙상한 활엽수 군단 속에 간간이 오래 된 소나무가 살아온 세월을 바람 속에 실어 전해준다.

군데군데 쌓여있는 잔설이 마음의 동요를 일으키며 곳곳에 숨어있는 멧돼지의 흔적에 온몸이 오싹해 졌지만 이번 산행은 함께 걷는 동무가 있어 두렵지 않았다. 나지막한 봉우리를 몇 차려 반복하며 넘고 또 넘어 출발한지 1시간 30여 분 만에 정상에 도착했다.

정상에는 '백운산' 이라고 글이 적힌 시그널이 나뭇가지에 달려 머리위에서 바람에 팔랑이며 반겨줄 뿐 삼각점도 정상 표지석도 없다. 우리는

정상 한쪽 귀퉁이에 앉아 부딪히는 소주잔에 찬바람 담아 쾌재의 정담을 나누었다. 그리고 길이 열리지 않은 까다로운 길을 포기하지 않고 꿋꿋이 걸어야 했던 산로에 '천리 길도 한걸음부터' 라는 속담을 숲에 뿌렸다.

이야기로만 듣던 강원도 첩첩산골을 몸소 느끼며 특색도 없고 내세울 것도 없는 밋밋한 산길을 걷기 위해 밤잠 설치며 아무런 댓가도 없이 특별히 시간을 내어 동행해 준 은영이 부부에게 이 글을 통해서 다시 한 번 더 감사의 말을 전하고 싶다.

은영아, 고맙다. 그리고 사랑한다. 잉.

(2014. 12. 27.)

5. 저고리로 어깨를 감싼 백운산

높이: 537m

위치: 강원도 원주시 판부면

산행코스: 후리사터 – 저고리봉 – 어깨봉 – 백운산 – 매봉교
(소요시간: 3시간 30분 / 난이도: 중)

별미: 바지락 칼국수, 곤드레나물밥 등 자연산 새송이, 도토리묵, 감자채전 등

주변관광: 소금강 출렁다리, 원주 한지 테마파크, 치악산 자연휴양림 등

※ 가이드 팁: 원주터미널에서 1일 9회 운행하는 원주 시내버스 32번을 타고 용수골 종점에서 내린다. 내 남송 마을은 교통이 불편하니 대중교통을 이용할 경우, 택시로 원호묘역까지 가서 산행을 시작하고 서곡 리로 하산하는 것이 좋다.
(승용차 이용 : 네비게이션에 '후리사터')

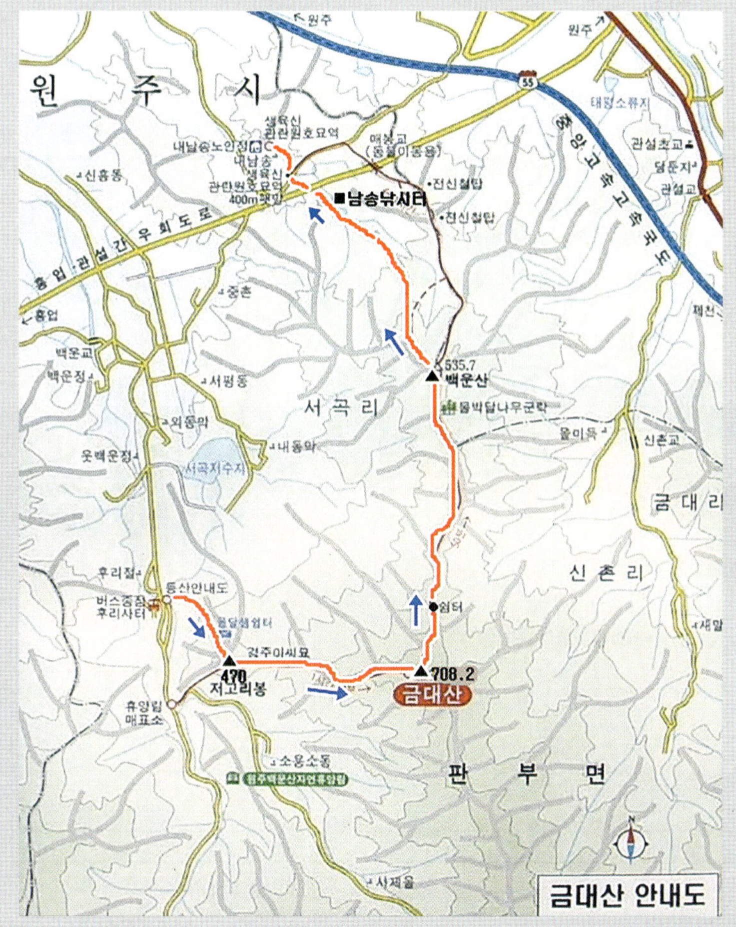

치악산 비로봉(1,282m)을 지나온 영월지맥이 남대봉(1,182m)에서 남서쪽으로 곁가지를 일으켜 백운지맥이라 이름 한 산줄기는 백운산(1,087m)에 이르러 동북녘으로 또 다시 곁가지를 내려 원주시가지를 향하여 내려가는 산줄기 끝에 또 하나의 백운산(537m)이 있다.

산행 초입에는 수령 180년의 보호수를 비롯한 십여 그루의 아름드리 소나무가 지키고 있는 후리사 절터가 있다. 옥개석이며 우주가 있는 탑신과 앙연이 새겨진 불좌대가 자리한 후리사 절터 맞은편에 서곡4리 주민들이 세운 등산 안내도가 있다.

안내도에는 옛날 후리사지와 서곡대사가 유명하여 서곡대사의 이름을 서곡이라 부르게 되었다고 하는 이야기와 수리봉 밑에 있으므로 수리골, 서리 골로 부르다가 지금은 서곡으로 부른다고 하는 설명이 적혀 있다.

창건과 폐사 연대를 알 수 없는 후리사와 서곡대사의 자료를 살펴보면, 서곡대사(1702~1768)는 조선의 승려로 법명이 찬연이다.

불교대학사전에는 '속성은 김이며 완산사람으로 사안, 담월각혜, 관

파두옥, 만화원(1694~1758) 등에게 법을 배우고 경전에 통달하였고 교화에 힘쓰다 만년에는 교를 버리고 선으로 돌아가 고요히 수행하다가 조선 영조 44년 홍천 수타사에서 67세로 입적하다' 라고 되어 있다.

[출처] 용수 골의 유래 및 분지동

포기란 없다

아침부터 짙은 안개가 도시를 덮고 있어 날씨가 썩 좋지 않다. 어젯밤 부천에서 밤을 보내고 원주터미널로 가기 위해 짙게 깔린 어둠 속을 달렸다. 남부지방에는 새벽부터 비가 내리고 있다는 소식이 들려온다.

속도를 낮추고 휴게소에서 비가 그치길 기다렸다가 빗줄기가 주춤해져 다시 원주로 향했다. 고속도로는 마치 주차장을 방불케 할 정도로 도로가 막혀 점심때를 넘기고서야 원주에 도착했다.

느지막한 오후 2시, 터미널 근처에서 금순이를 만나 후리사 터 앞으로 갔다. 그곳에 차를 세우고 먼저 다녀간 뭇 산님들의 산행기를 따라 도로 건너 좌측 길로 걸었지만 등산로 초입이 보이질 않아 가던 길을 다시 되돌아 와 처음 자리에서 초입을 찾았다.

"금순아 지도를 잘 봐봐 분명 여기가 처음 장소지?"

"그래 맞데이."

지도를 펴고 위치를 하나하나 짚어가며 등산로 초입을 찾기 시작했다.

"우리 그러지 말고 이 계단을 올라가 보자야. 능선에 가면 분명 길이 있을 거야."

데-크 계단을 올라가자 내 예감이 맞았다.

계단이 끝난 그곳에는 운동기구가 있고 그 옆으로 산길은 선명하게 있다. 우리는 자연이 빚어낸 신비의 조각 속을 걸으며 지난 세월의 빛바랜 추억 이야기를 꺼내 산로에 깔았다. 산길은 신작로처럼 넓은 길을 오른쪽으로 가다가 왼쪽에 정상으로 가는 이정표가 있었다. 노랗게 익은 생강나무 이파리가 들려주는 가을 이야기를 들으며 정상을 향해 붉게 된 산 홍의 숲 터널로 들어가자 안개에 젖어 있지만 눈부신 가을빛은 무아의 경지로 빠져 들게 한다.

"어머나 우리가 저고리봉에 도착했네?"

저고리봉은 오늘 산행코스 중에 처음 만나는 봉오리다. 반가움에 금순이와 인증샷을 남기자 갑자기 희뿌연 안개가 나무와 나무 사이를 채워 방향을 가늠할 수 없었다.

“잠깐 내가 이쪽 능선이 어디로 가는지 보고 올께.”

나는 내리막길에서 작은 나침판을 꺼내 백운산자연휴양림으로 가는 방향임을 알아내고 다시 저고리봉으로 돌아가 반대쪽 능선으로 걸음을 옮겼다.

땅내음 맡으며 가을향기에 묻혀

여기저기서 터지는 가을연가는 어느새 시커먼 안개를 안고 금방이라도 소낙비를 쏟아 낼 것 같은 하늘을 이고 있다. 시시각각으로 변하는 변화무쌍한 수림은 보는 이의 마음에 따라 달라지는 비경이다. 날씨가 좋지 않아 쉴 틈도 없이 깊이를 알 수 없는 낙엽을 밟으며 걷는 내리막길은 어느새 된비알이다.

능선 안부에 서곡마을과 어깨 봉으로 가

는 갈림길을 지나자 짙은 안개는 점점 앞을 가늠할 수 없을 만큼 수림은 짙은 회색 빛 바다로 이루고 척척한 옷옷에는 차가운 공기방울이 달라붙는다. 지치고 지친 두 다리는 몸속을 파고드는 가을 향기에 묻혀 땅 내음과 함께 짙은 안개 속을 헤치며 간신히 어깨봉에다 앉힌다. 굵은 빗방울이 나무 위에서 맺혔다가 툭 어깨 위로 떨어질 때면 싸늘한 느낌이 전율같이 온몸에 번져 오소소 한기를 느끼자 금순이가 따끈한 커피 한 잔을 건네준다. 커피 잔에 코끝을 대자 온 산에 커피향이 번진다.

여유를 부리는 것도 잠시 어깨봉은 먼저 다녀간 산님의 산행기에 기록이 없어 주위를 꼼꼼히 살펴보니 표지석 옆에 서 있는 소나무에 금대산의 표지를 떼어 낸 흔적을 보고서야 금대산이 어깨 봉으로 바뀐 사실을 알았다.

빗소리가 잦아지고 으스스 한기가 들었지만 축축이 젖은 옷 뒤로 다시 배낭을 짊어지고 목적지를 향해 걸었다. 수북이 쌓인 낙엽 위를 걷고 또 걸으며 곧장 뻗은 능선에 비틀거리는 걸음을 애써 중심을 잡으며 몸을 맡겼다. 떨어지는 빗방울 낙차현상 때문인지 가느다란 미풍에 잎사귀들이 살랑대고 그 흔들림의 고갯짓은 어느새 시선이 한 곳에 멈췄다. 빗물이 고인 나무의자는 엷은 물무늬를 내보이고 잎새에 맺혔다 떨어지는 빗방울 소리는 더욱 가을을 전율케 하며 피로를 순식간에 잠재우는 건 백운산이라는 글자가 눈에 들어왔기 때문이다.

"야 정상이다."

"옴마야 정말 정상이네."

"우리 정말 장하데이. 축하한다."

"고마워. 너랑 함께 와서 쉽게 올 수 있었던 것 같아."

우리는 젖은 옷을 부비며 행복해 했다.

알수 없는 희열감

문득 쇼팽의 침울한 고독이 짙게 배인 빗방울전주곡은 혼자 빗소리를 들으며 작곡했을 거란 생각이 든다. 가을비는 감상적인 인연을 맺는다고 했으니 가을비 맞으며 옛사랑을 생각해 보는 것이 서로 다른 곳이고 다른 모습일지라도 인간의 감성은 결코 다르지가 않을 것 같다는 생각이 가슴을 뛰게 한다. 주변의 밝음이 차츰차츰 물러서기 시작하고 엷은 어둠이 정상에 내려앉았다. 의자에 걸터앉아 사과 하나를 컥 입에 물자 달콤한 사과향이 목구멍을 타고 뱃속 깊이 들어가 알 수 없는 희열감이 부르르 떨게 했다.

속세를 하늘에 날리고 우리는 하루 일정을 마무리하는 아쉬움을 안고 하산은 해발 350m지점 두 갈래 길에서 북녘 능선을 선택해 오른쪽에 철탑이 연달아 선 능선 길로 내려오자 동물 이동 통로인 매봉교가 나왔다. 매봉교를 건너 비닐하우스를 지나 포장도로에 석양이 붉게 노을을 태우고 어둠이 산그늘을 덮자 생육신 원호 묘역 400m 팻말에서 산행을 종료하고 택시를 기다렸다.

[2014. 11. 1.]

제 2 부

대전&충청도

Daejeon Chungcheong-do

1. 계룡산 줄기에 달려있는 **대전백운봉**
2. 병풍 같은 능선 **음성백운산**
3. 학이 구름 속에 날아가는 형국 **천안백운산**
4. 도심 속의 힐-링 장소 **천안백운산**
5. 금강의 물줄기에 몸을 담근 **공주백운산**

1. 계룡산 줄기에 달려있는 백운봉

높이: 536m

위치: 대전광역시 유성구

산행코스: 수통골주차장 – 빈계산 – 성북동 삼거라 – 금수봉 – 자티고개 – 백운봉 – 자티고개 – 도덕봉 능선 길 – 도덕봉 – 수통골 주차장
(소요시간:5시간/ 난이도: 중)

별미: 묵밥, 칼국수, 두부두루치기, 삼계탕 등

주변관광: 계족산 황톳길, 한밭 수목원, 대전 곤충생태관 등.

※ 가이드 팁: 내비게이션–수통골 관리 분소 또는 수통골 주차장
(유성구에서 시내버스: 104번 / 102번 버스이용)

계룡산 국립공원에 포함되어 있는 백운봉은 금남정맥상의 쌀개봉에서 시작된 관암지맥이 황적봉과 관암산을 지나 백운봉에 이르고 다시 지맥이 수통골 자티고개에서 북쪽으로 맥을 이어간다. 남동쪽으로는 금수봉을 거쳐 구봉산으로 이어진다. 대부분 산악회에는 수통 골에서 빈계산과 도덕봉을 올라 자티 고개에서 백운봉 코스를 많이 이용한다.

'수통 골' 이란 잔잔하게 물길이 시원하게 흐르는 긴 골짜기란 뜻으로 주변에 아름다운 숲을 자랑하는 산들이 옹기종기 모여 있어 대전 시민뿐 아니라 전국에서 많은 등산객들로부터 사랑을 받고 있는 곳이다.

누군가는 폭풍이 지나가길 기다리는 것이 아니라 빗속에서 춤을 추는 법을 배운다는 것을 좌우명으로 살아가고 있다는 걸 생각하며 적당히 등산을 즐기는 법을 깨우치며 가을향기에 실려 오늘 산행은 대전에 살고 있는 등산학교 동기생인 경희와 동행한다.

산 모양이 닭을 닮아 빈계산

"잘 지냈지? 오랜만이네. 오늘 산행 안내 잘 부탁한다."

"응, 언니. 오늘 산행은 빈계산으로 해서 금수봉을 지나면 자티고개가 나오는데 백운봉은 자티고개에서 갔다가 다시 자티고개로 돌아와 도덕봉으로 해서 수통골로 하산하면 원점 산행이 되니까 걱정 안 해도 돼요."

"그래, 그럼 출발해 볼까?"

수통골 주차장을 출발해 잣나무 군락지를 지나 빈계산 품안으로 들어갔다. 햇살을 머금은 잣나무 군락에 간간이 둥근 이파리가 바람에 붓 끝이 되고 햇살이 품어내는 물감 따라 녹색 이파리는 연노랑 잎이 되어 찬란하게 빛났다.

"빈계산牝鷄山은 산의 모양이 암탉과 같이 생겼다 하여 붙여진 이름이래요."

경희의 설명은 지루한 줄 모르게 어느새 우리를 빈계산 정상에 잇혔다. 정상에는 많은 등산객들이 북적거리고 있어 한쪽 귀퉁이에 앉아 숨을 고르며 물 한 모금으로 천천히 마음을 내려놓았다.

가을향기는 멀리서 온 여정을 보상이라도 하듯 청량한 기운으로 생기를 불어 마음에 넣어준다.

"언니, 이제 금수봉으로 가 볼까요?"

"그래, 출발해 보자."

약간의 경사가 있는 내리막길을 내려오자 울창한 소나무 숲길은 평온을 이루며 포근하다. 우리는 금수봉錦繡峰으로 가는 계단 쉼터에서 걸음을 멈추고 앉았다.

지나온 푸른 숲을 바라보니 일망무제로 펼쳐진 능선이 분노와 원망과 적개심으로 가득 차 있던 마음에 평화를 찾아주는 듯했다. 다시 걸음을 재촉해 계단을 올라서자 울창한 수림은 비교적 완만하여 힘들지 않게 금수봉錦繡峰에 도착했다.

"이곳 금수봉은 주변 경치가 비단으로 수를 놓은 듯 아름답다 하여 금수봉이라 부른다네요."

아름다운만큼 금수봉 정자 위에는 많은 사람들이 꽉 메우고 가을 정취에 서성인다. 우리도 그곳에서 잠시 목을 축이고 자티고개로 향했다. 딱히 내놓을만한 조망도 없지만 울창한 숲은 하늘을 이고 산새소리와 발끝에서 묻어나는 빛바랜 향기는 걸음을 가볍게 해 준다. 굴곡이 심하지 않은 능선에서 한순간도 멈출 수 없이 이어온 질곡의 세월을 말없이 받아들인 의연함의 웅혼한 기상은 자티고개에서 이르러 상세동 마을 회관 이정표를 따라 백운봉으로 안내했다.

영구한 세월앞에 작아지는 나

능선을 걸으면서 영구한 세월동안 소리 없이 내리는 한 방울의 빗물에도, 한줄기 바람에도 깃털처럼 내리는 눈발에도 변하지 않은 듯 조금

씩 변화하여 스스로 오늘의 형상을 만들어 왔을 거라는 생각을 하니 한없이 작아지는 나를 발견한다. 햇살은 능선 가득 내려앉으며 세월을 머금은 향기가 탱탱한 나뭇가지에 '백운봉' 푯말이 달려 있는 곳에 걸음을 멈추게 한다. 백운봉은 유수 같은 세월에 완숙의 미를 더해가는 데 보조를 맞추는 듯했다.

호젓한 자연의 흥에 취해 몸을 수련하고 심산유곡의 청아함을 느끼며 순간을 카메라에 담고 가을 햇살 사이로 불어오는 바람에 땀을 식히고 자티고개로 돌아와 도덕봉으로 향했다.

"도덕봉은 예전에 흑룡산이라고 불렀어요. 하지만 전해오는 이야기로 아주 먼 옛날 이 골짜기에 도둑이 많이 살고 있어 도덕봉으로 부르게 되었대요. 동쪽의 거대한 절벽 아래에는 큰 동굴과 작은 석관 2개가 있고 또 그곳에 일제 강점기 때 구리를 캐던 곳으로 추정되는 구리골도 있는데요. 그곳을 지나 수통굴로 가면 굴속에 무속인들의 움집이 한 채 있고 굴속 끝에 작고 맑은 샘이 있어 산행 길의 쉼터로 그만이지만 그곳은 다음 산행에 가보기로 해요."

"그래, 다음에도 안내 잘 부탁해."

도덕봉에서 산행의 여유를 만끽하며 절벽에 매달린 아슬아슬한 철 계단을 밟으며 유성구를 시원하게 조망했다. 하산은 예정대로 수통골 주차장으로 원점 산행을 마치고 마시는 막걸리 한 잔의 건배는 갈증과 여독을 물리치고 여유롭고 즐거웠던 소득이 아닐까 한다.

"자 안전하고 즐거웠던 산행을 위하여 건배!"

[2014. 10. 12]

2. 병풍 같은 능선 백운산

높이: 347m

위치: 충북 음성군, 경기도 안성시

산행코스: 용운사 – 능선 – 철조망갈림길 – 정상 – 철조망갈림길 – 능선 – 용운사
(소요시간: 3시간/난이도: 하)

별미: 안성한우, 민물어죽, 안성쌀밥 정식, 안성포도 등

주변볼거리: 미리내 성지, 고삼호수, 석남사 등

※ 가이드 팁: 내비에서 백운산가든(충북 음성군 삼성면 소재) 또는 진양밸리CC를 넣고 가는 길에
2차선도로에 '가산이' 푯말이 나오면 용운사 하차

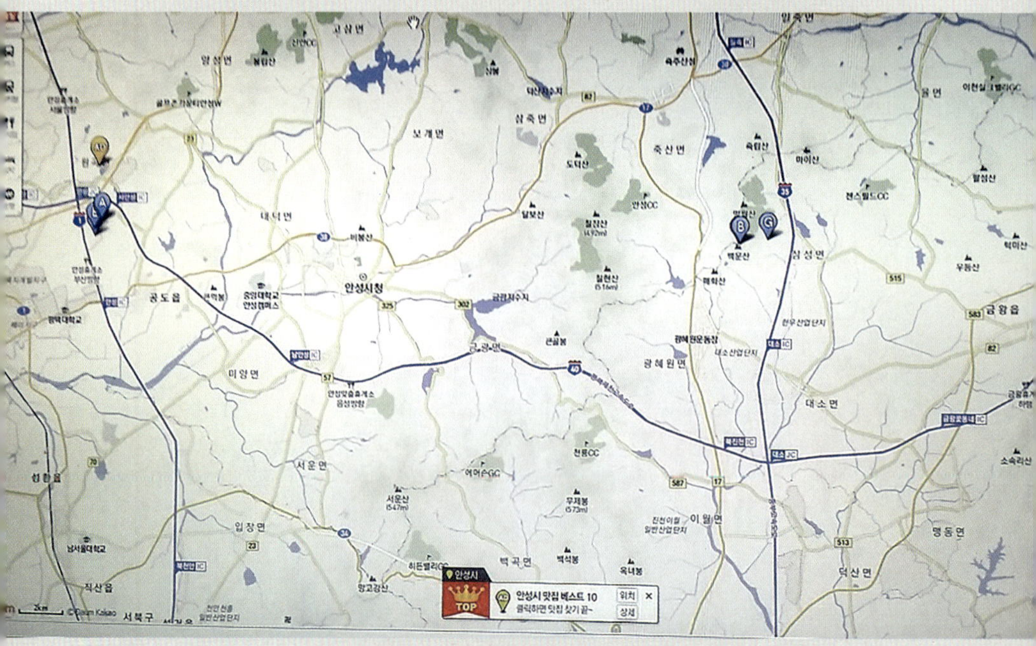

이곳 백운산은 차령산맥이 지맥으로 동에서 서로 뻗은 마이산(472m)과 서쪽으로 2㎞지점에 비교적 낮은 산으로 도, 군. 면, 리의 경계를 이루고 병풍 같은 능선이 태풍과 한파를 막아주어 마을마다 큰 재해를 입지 않게 해 주고 있는 산이다. 차령산맥은 길이 약 200㎞, 평균 높이 600m로 한반도의 다른 산맥들에 비해 비교적 낮은 편이며, 태백산맥의 오대산五臺山[1,563m]에서 갈라져 충청북도와 경기도 도계道界를 지나 충청남도 중앙부에서 북동에서 남서 방향으로 뻗어 있다.

[출처] 한국학중앙연구원 – 향토문화전자대전

지역민들도 찾아가기 어려운 등산로

안성터미널 근처에서 금순 이와 경희를 만나 점심을 먹은 후, 미리 준비한 백운산 지도를 펴고 산줄기에 달려있는 마을을 짚어가며 안성시 죽산면 당목마을로 갔다. 마침 할머니 한 분이 마을 앞에 나오셨다.

"할머니 이 지역에 백운산이라고 있습니까?"

"나는 몰라. 저기 노인당 가서 남자들한테 물어 보믄 알랑가 몰러."

"네. 고맙습니다." 노인당에 할아버지들은 뭔가를 알고 있을 것이라는 희망을 가지고 노인당 문을 노크했다.

"뉘시오?"

"예 실례합니다. 말씀 좀 여쭙겠는데요. 이 지역에 혹시 백운산이라고 있습니까?"

"백운산은 왜?"

"예. 백운산에 가려고요."

"이거 어쩌나, 같이 가서 질을 알려줘야 허는데 갈 수도 없으니……."

"아뇨. 가는 길만 알려주시면 됩니다."

"잠깐만 이리로 따라 와 봐유."

"네."

노인당 어르신이 신을 신고 밖으로 나오시면서 애를 태우셨다.

"저기 저 흰 산 뒤에 이어지는 산이 바로 백운산인디 잘 안 보이구마"

할아버지는 안 보이는 산줄기를 애써 가리키며 친절하게 알려주셨다.

"감사합니다."

"아참, 할아버지 혹시 백운산이라고 왜 불렀을까요?"

"나가 이 마을에서 80평생을 살었는디 아무도 그런 말 허는 사람이 없었구먼 아매도 이 지역에서 가장 높은 산이고 어쩌다가 구름이 산몬당을 덮고 있는 날이 있는디 그걸보고 白雲산이라고 허지 않았는가 허져."

할아버지께서 알려주시는 길을 따라 들어가니 몇 개의 마을이 나왔다.

마을 끝 비탈길에 한 채의 집으로 승용차 한 대가 들어가는 걸 보고 얼른 따라 갔다.

"저기, 선생님 말씀 좀 여쭤 볼께요."

"예."

"혹시 백운산이 어딘가요?"

"여기는 백운산 등산로가 없어라우. 백운산에 갈라믄 다시 마을로 나가 큰 질로 나가서 왼쪽으로 쭈욱 가다가 편의점이 나오면 그곳에서 물어 보시요."

"그래요?"

순간 당황스러웠지만 다시 마을을 빠져나와 당목리 보건소에서 좌회전하여 2차선 도로를 따라 가다가 두교 교차로에서 좌회전하여 안성 두교 산업단지를 지났다. 도로는 꽁꽁 얼어있어 조심스럽게 용대 골과 대골을 지나 윗점골, 원점골도 지났다. 마침 그곳에서 연세가 지긋한 아주머니 한 분이 나오셨다.

"아주머니 이곳에 백운산이 어디 있습니까?"

"백운산? 여기는 등산로가 없고 여기 앞에 큰질에서 왼쪽으로 가다가 '가산이' 가 나오믄 왼쪽에 새로 짓는 절이 하나 나올 거그마 그 절에 가서 물어 보면 알란지 모르것네."

"네……. 고맙습니다."

설명해 주신대로 2차선 도로변에 '가산이' 푯말이 나오고 우리는 용운사로 들어가 노크를 해 보았지만 인기척이 없다.

용운사 뒤 백운산 가든도 빈집이다. 분명 지도를 보면 뒤에 있는 산이 백운산이라는 건 확실한데 등산로가 보이지 않아 백운산가든 뒤로 좌측능선을 개척하며 올라가기로 했다.

스마트폰에 의지하며

능선에 닿자 묘지가 있고 그곳에 등산로가 또렷하게 열려있다. 우리는 처음 걷는 산길에 스마트 폰을 꺼내 위치를 확인하며 등산로를 따라 걸었다.

능선 북쪽에는 진양밸리가 한창 공사 중이며 진양밸리 뒤로 나지막한 능선갈림길에서 야생초 재배 단지를 끼고 걸었다. 또다시 갈림길에서는 왼쪽 길을 선택하여 봉우리 끝까지 걸음을 재촉했다.

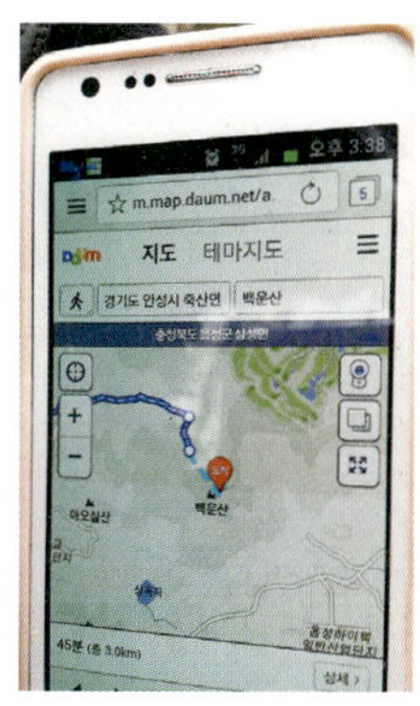

겨울바람이 두 볼을 베어가기라도 하듯 시리다. 하늘을 덮은 나무사이로 눈송이가 날렸다. 잿빛 안개구름 속에서 주위를 주시하며 부지런히 걸었다. 기대를 가지고 남쪽 끝 봉우리로 갔지만 짙은 안개는 가혹한 실망을 안겨주었다.

포기하지 않고 왔던 길을 다시 되돌아 갈림길에서 반대 방향으로 길을 틀어 걸음을 멈추고 스마트 폰을 열어 백운산이 쓰여 있는 방향을 보며 걸어가는데 금순이가 갑자기 서쪽 능선에 냄새가 난다며 촉을 세우고 방향을 바꾸자고 제안했다. 우리는 금순이의 촉을 따라 걸었다.

알 수 없는 촉은 우리를 실망시키지 않았고, 지나온 작은 봉우리에서 얼마 떨어지지 않는 곳에 좌표(삼각점)가 있고 어깨를 나란히 마주하고 있는 봉우리에 시그널 몇 개가 나뭇가지에 팔랑이고 있었다.

"여기다!"

반가움이 소리를 지르며 달려가자 시그널이 달린 나무에 3,000산을 오르는 한 현우 산님이 남기고 간 정상 표시가 눈높이를 넘어서 머리 위에 매달려 있다. 어렵게 산 입구를 찾고 아무런 표시도 없는 썰렁한 등산로에서 만난 그 곳에 백운산을 알리려고 하얀 종이에 써서 붙여놓은 그분의 배려에 고마움과 감사함을 전하며 달려가 입맞춤을 했다.

지역 사람들도 잘 알지 못하는 백운산을 어렵게 찾아 느끼는 성취감과 희열, 그리고 기쁨을 누가 알겠는가!

끝으로 어려운 시간 내 주어 함께 길을 동행해 준 친구 금순 이와 대전에 사는 등산학교 동기 경희에게 고맙고 감사함을 이 글을 통해 전하며 백운산의 추억을 오래 남기고 싶다.

[2014. 11. 2]

3. 학이 구름 속에 날아가는 형국 백운산

높이: 247m

위치: 충남 천안시

산행코스: 축사가 있는 둑방길 – 축사 – 정상(왕복 : 2시간/난이도: 하)

별미: 호두과자, 옹심이 메밀 막국수, 돼지갈비 등.

주변관광: 천안삼거리 공원, 천호지야경, 독립기념관 등

※ **가이드 팁**: 천안시 동남구 수신면 장산리(네비 천안시 홍대용 과학관) 홍대용 과학관에서 건너편 다리를 건너 우회전하면 축사가 나온다. 보이는 산이 백운산이다.

학이 구름 속에 날아가는 형국에 바라보는 바위가 있다고 하여 바라박산이라고 부르는 산줄기에 사람들의 발길이 끊긴 산 하나가 덩그러니 마을을 내려다보고 있다.

바라박산은 금북만뢰지맥이 만뢰산 어깨를 지나 내려와 진천읍과, 그리고 천안시 병천면과 동면의 경계를 따라 사자골 고개로 오른다. 그곳에서 또 한줄기 능선은 동남방향으로 분기하여 유관순 열사 생가 도로와 지방도로를 지나면 바라박산이 버티고 있다. 바라박산에 달라붙은 백운산은 병천면 용두에서는 마을 남쪽에 있다고 하여 남산, 또는 작성산이라고도 하나 지명 유래는 확실하지가 않다고 한다.

[출처 : 한국지명유래 집 충청 편 지명에서]

낮지만 마을에서는 높은 산

을씨년스럽게 찬 공기가 대지 위를 떠돌아 계절이 바뀌는 길목에 서성이지만 티맵의 도움으로 백운산이 있는 병천면 상록CC근처에서 마을로 들어갔다.

마을 안에는 집집마다 겨울 준비에 한창이다.

"실례합니다."

"누구시요?"

"할머니, 혹시 이 근처에 백운산이란 산이 있습니까?"

옹기종기 모여 김장을 하시던 할머니들은 이상하다는 듯이 쳐다보며

"백운산? 바로 저기 보이는 저 산 인디 와그란다우?"

"아, 네 백운산에 좀 가려고요."

"아니, 시방 색시 혼자 저 높은 산을 오른다는 말이여?"

"예."

"옴마, 함부래 가지마라요. 저 산이 보기만 저러치 얼매나 높은 산 인디 멧돼지도 많고 안 되야~"

"예, 그럼 할머니 등산로는 여기서 볼 때 왼쪽인가요. 오른쪽인가요?"

"오른쪽이져 아매. 옛날에 거기 돼지를 키웠어. 거 왜 순옥이네 밭으로 해서 올라가는 길이 안 있다고?"

여기까지만 들어도 백운산을 다 찾은 듯 기쁘다.

"예, 할머니 고맙습니다."

설레는 마음은 화려한 빛깔로 마을에서 다리를 건너 둑방길에 주차를 한 후 축사 앞으로 갔다. 축사를 들어가는 입구에는 세퍼트가 금방이라도 달려 들 듯 한 기세로 컹컹 짖어대지만 무서움은 사라지고 마음은 들떠 있다.

축사 뒤쪽으로 넓은 길이 끝나는 곳에 가족묘가 있고 주위에 단풍나무와 키 작은 황금 편백나무가 잘 정리되어 효도하는 후손들의 마음이 서려있다. 그리고 그 위로 본격적인 등산로가 시작되었다.

경사도가 낮지만 사람들이 다니지 않아 올라갈수록 산길은 희미해져 갔다. 이곳을 찾는 산 꾼들은 찾아 볼 수도 없고 찾는 이도 없다는 것을 느낄 수 있었던 건 아주 오래전 이곳을 다녀간 뭇 산님이 남기고 간 빛바랜 시그널이 전해 주었기 때문이다.

우리나라 산줄기가 줄줄이 전 국토에 뻗어 있고 산줄기를 타고 따라 넘는 수많은 고개마다 애환이 담긴 곳이 많은데 국토의 개발과 문명의 발달로 인해 산을 깎아 도로를 만들고 작고 낮은 산들은 무성한 숲으로 변하고 사라지는 현실에 안타까움이 스친다.

넓은 분지로 된 산 정상

야트막한 동네뒷산이지만 마을마다 젊은 층들은 삶의 터전을 찾아 도시로 떠나고 연세 많은 분들만 마을을 지키고 있어 농사짓기도 힘에 겨워 산을 오르기에는 무리였던 것이다. 나뭇가지 사이로 비치는 햇살에 거미줄을 걷어내며 널따란 분지가 있는 봉우리에 닿았다. 낙엽 깔린 산정은 평평한 대지와도 같은 이곳이 백운산(247m) 정상임에 틀림없다. 나뭇가지에 스마트폰을 걸어두고 인증샷에 폼을 잡아 보지만 어색하다.

스마트폰 누군가의 간절하고 절실한 소망은 뉘엿뉘엿 해저무는 가을산에서 바쁜 걸음 잠시 걸음을 멈추고 뒤를 돌아보았다. 정상에서 반대편 능선이 금북만뢰몽각단맥인 바라 박산과 이어지는 능선을 확인하고 하산은 석양빛을 등에 업고 아쉽지만 정상에서 다시 올라왔던 길로 내려왔다.

기회가 주어진다면 천안 시에서 출발하여
이곳 산님들의 흔적을 밟아
금북 만뢰몽각단맥 종주의 꿈을 꾸어 보면서
역사의 길에 배낭을 메고 웃음꽃을 피우리.
그리고 선조들이 흘린 땀방울을 한번쯤 되새겨 보며
오고 갈 것이니…….

[2015. 11. 2]

4. 도심 속의 힐-링 장소 백운산

높이: 243m

위치: 충남 천안시

산행코스: 예술의 전당 – 능선 – 백운산 – 백운암 – 예술의 전당

(소요시간: 1시간/ 난이도: 하)

별미: 호두과자, 옹심이 메밀 막국수, 돼지갈비 등.

주변관광: 천안삼거리 공원, 천호지야경, 독립기념관 등

※ 가이드 팁: 승용차 "천안시 예술의 전당"을 내비게이션에 넣으면 쉽게 찾는다.

(대중교통 : 천안역에서 예술의 전당 가는 시내버스 401번 이용.)

주소: 천안시 동남구 목천읍

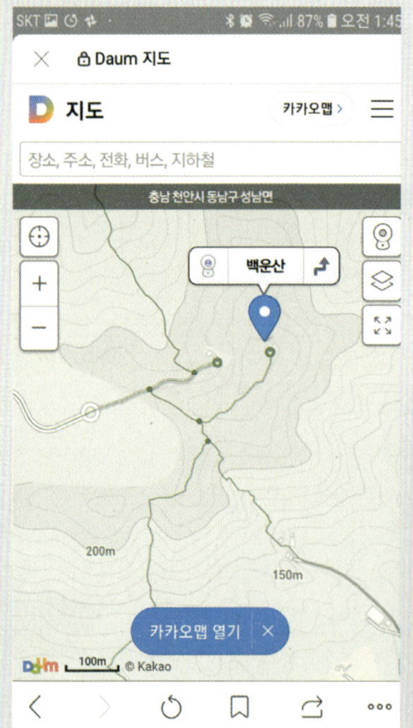

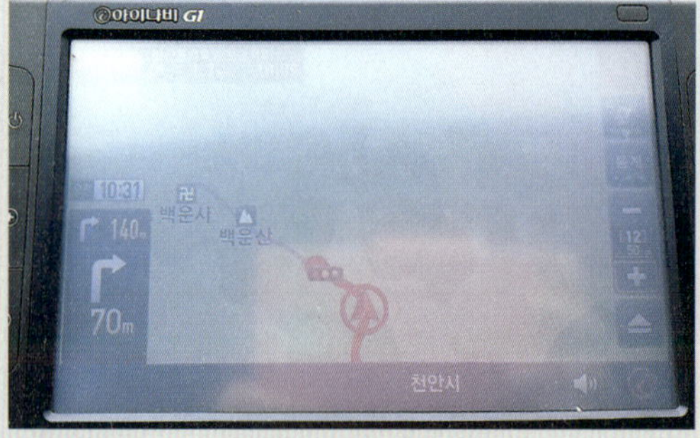

1987년 8월 15일에 천안시 목천면 흑성산에 우리나라 자주 독립을 위한 투쟁의 역사를 기리고 후세를 위한 산 교육장으로 삼기 위하여 관련 자료와 사료史料와 유물을 전시한 대한민국의 민족박물관인 독립기념관이 개관하였다.

'독립기념관'은 천안 종합휴양지 안에서 겨레의 탑과 불굴의 한국인상이 박물관의 상징을 하고 있으며 천안시의 랜드마크인 건물이다. 일제강점기의 수난과 나라를 되찾기 위해 싸운 독립운동이 주요 주제이다. 관람료는 무료이다.

종합휴양지 안에 수도권과 경기권, 그리고 주변 지역을 아우르는 중부권 예술의 메카로 자리 매김하며 각종 문화예술 전문가들과 수준 높은 문화 소비자들의 기대치를 충족시킬 수 있는 생명력 있는 소통 공간으로 성장하고 있는 천안 예술의 전당이 2012년 9월에 시민들의 오랜 열망과 크나큰 기대 속에 문을 열었다.

백운산(243m)은 금북정맥 분기점에서 흑성산을 올라 천안종합관광지에서 여우고개를 지나 연결된다. 하지만 백운산을 천안예술의 전당에서 출발하면 가장 가깝고 찾기가 쉽다.

밋밋한 산길에 정감이 넘치고

예술의 전당 주차장에 차를 세우고 새마을 문학관으로 넘어가는 고갯마루에서 좌측능선으로 갔다.

수북이 쌓인 낙엽 길에 아무런 푯말도 이정표도 없는 산로에서 한적하고 호젓한 늦가을의 정취를 만끽하며 걸었다. 햇살을 받아들이는 산과 평전은 도시와 인접해 정감이 넘치고 산 물결의 한가운데 홀로 선 나는 나의 모습을 하얀 햇살에 담아 긴 생명 줄을 타고 나무 위에 얹으며 산의 적막을 깨트렸다.

산을 뒤덮은 활엽수와 그 밑에 깔린 낙엽이 하나의 골을 지나면 새로운 골을 만나듯 심심찮게 나무의 그늘 속은 조용히 쉬어가라 발걸음을 멈추게 한다. 밋밋한 산세와 산길, 그리고 수목 어느 것 하나 잃어버리지 않고 소중한 기억으로 담으려는 마음은 자연에 물들어 20여 분 걷다가 넓은 공간이 있고 약간의 경사진 능선 길에 '백운산을 푸르게' 라는 간판에 시선을 빼앗긴다.

특별히 정상을 표시해 둘만큼 삼각점도 없는 밋밋한 능선에 성남면 바르게살기 운동본부에서 걸어둔 간판이다. 간판 앞에서 나의 모습을 카메라에 담은 뒤 능선 아래 작은 암자로 갔다.

적막감이 흐르는 곳

암자에 들어서자 대웅전 앞 기둥에 '백운산 백운암' 이라고 적혀있는 글자가 이곳이 백운산이라는 것을 확실히 말해주고 있다.

대웅전 앞에는 키가 큰 단풍나무 한 그루가 이파리로 마당을 붉게 물들이며 햇살에 반짝거린다.

"계십니까?"

몇 번이고 암자를 두리번 거리며 사람을 불러 보았지만 아무 대답이 없다.

쓸쓸한 눈동자는 텅 빈 암자에 머물다 조심스럽게 암자를 빠져나와 시원스러운 넓은 길을 따라 예술의 전당으로 내려왔다.

이곳저곳을 기웃거리다 혼자 걷는 산길에 두려움이 있다면 절대 꿈은 이룰 수 없으리라. 스스로 다짐하며 예술의 전당 주차장에 내려서자 살랑대는 가을바람이 떠나는 길손의 가슴을 여미게 한다.

[2015. 11. 03]

5. 금강의 물줄기에 발 담근 공주백운산

높이: 182m

위치: 충남 공주시

산행코스: 운암교 – 137.1m봉우리 – 정상 – 갈림길 – 이동통신 중계 탑 – 운암
(소요시간: 약3시간 소요/ 난이도: 하)

별미: 밤 막걸리, 알밤 육회 비빔밥, 누룽지백숙 등

주변관광: 공산성, 고마나루, 석장리 풍경, 계룡산 등

※ **가이드 팁**(승용차이용): 논산~천안 고속도로 에서 탄천IC 또는 공주IC로 빠져나와 지방도 651번(공주시 이인면 운암리 산29-1부근 운암교)

※ **자료출처** : 풀때기 님의 블로그 참고

이인면 서쪽 끝에 위치한 이곳 백운산은 흰 바위들이 멀리서 보면 흰 구름 같아 보인다 하여 백운산이라 부르며, 운암마을을 빙 둘러 감싸고 있는 야트막한 능선 너머로 금강의 물줄기가 흐르고 있다. 하지만 이곳 백운산의 정보가 뚜렷하지 않아 한 번도 뵌 적이 없는 풀떼기 님의 블로그에서 자세한 정보를 얻어 산행을 마무리할 수 있었다.

인간의 탐욕을 덮은 낙엽들

콧날을 베어 갈 듯이 차가운 바람을 맞으며 산행은 운암교 근처 골재 채취현장이 있는 곳에 주차를 하고 작은 실개천을 건너 비닐하우스 왼쪽으로 내려온 산줄기를 잡고 올라갔다.

앙상한 나뭇가지가 인간의 탐욕을 덮은 것인지 등산로에는 수북이 쌓인 낙엽이 냉랭한 겨울 한기가 몸속으로 파고든다. 간간이 묘지를 지날 때마다 발밑에서 바스락거리는 소리에 온몸이 오싹해지며 털끝을 세우

풀떼기 님의 블로그 속 사진

고 능선의 차디찬 바람은 산등을 돌고 돌아 말 등 같은 등산로에 뿌리고 달아난다.

햇살에 몸을 반짝이며 앙상한 나뭇가지 사이로 드러내는 금강의 속살은 조망의 설렘을 안겨준다.

온통 참나무거목들이 하늘을 덮은 수림길에 태풍에 쓰러진 소나무 몇 그루가 길을 막지만 세월을 잊은 맑은 금강의 물줄기는 잔잔한 바람을 일으키며 눈이 시리도록 반짝인다. 자연의 향기가 코끝에서 맴돌고 완만한 능선은 정상으로 이어지고 정상에는 풀때기 님이 달아 놓은 리본만이 바람에 살랑거린다.

풀떼기 님의 블로그 속 사진

험하지도 않는 야트막하게 금강 물줄기와 나란히 선을 긋고 있는 백운산은 거리도 짧고 힘들지 않아 반나절 코스로 안성맞춤이다. 산정에서 금강을 바라보며 마시는 맑은 공기는 몸과 마음을 정화시키며 자연의 모습을 찾는다.

순수하고 거짓없는 자연

하산은 정상을 넘어 왼쪽 능선 길로 약 10여 분 내려가다가 운암산으로 가는 갈림길에서 풀때기 님이 사진에 남겨놓은 붉은 화살표 방향을 따라 겨울 가지가 미소 짓는 숲길로 들어간다. 갑자기 바람이 옷깃을 매섭게 후려친다.

순수하고 거짓 없는 자연과 매몰찬 바람 앞에서 나는 서쪽 하늘의 거대한 핏빛 바다에 어리석음을 던져 불을 지폈다.

현란한 내일의 여정을 계획하며 낮고 낮은 산비탈에 푸르고 울창한

풀떼기 님의 블로그 속 사진

나무에 각양각색으로 다가서는 석양빛에 비친 모습에 매료되어 이동통신사 중계탑을 지났다.

풀때기 님의 자세한 안내표시에 의존하여 운암 마을로 돌아왔을 때 하나둘 눈송이가 날린다.

끝으로 한 번도 뵙지 못한 풀떼기 님께 감사함을 이 글에 실어 보내고 싶다.

[2013. 2. 17]

제 3 부

부산&경상도

Busan

Gyeongsang-do

1. 백두대간 길목을 지키고 있는 **함양백운산**
2. 삼봉산에서 금대산 길목의 **함양백운산**
3. 신령한 빛이 내렸다는 **울산백운산**
4. 하얀 구름이 산허리에 걸려있는 **밀양백운산**
5. 백두대간 길에서 빛을 잃은 **김천백운봉**
6. 낙동강 전투의 마지막 노선 **칠곡백운산**

7~8. 기양지맥에 **김천백운산**과 **상주백운산**

9. 용천지맥의 능선에 **기장백운산**
10. 백운계곡이 뛰어난 **산청백운산**
11. 올망졸망 능선을 이어주고 있는 **고성백운산**
12. 무성한 숲에 숨어버린 **고성백운산**

1. 백두대간 길목을 지키고 있는 백운산

높이: 1,278.6m

위치: 경상남도 함양군, 전라북도 장수군

산행코스: 대방마을 – 묵계암 – 상연대 – 하봉 – 중봉 – 정상 – 서래봉 – 백운암 – 대방 (소요시간: 6시간/난이도: 상)

별미: 안의 갈비탕, 마천 흙 돼지 등

주변관광: 상림수목원, 지리산 칠선계곡, 벽송사(서암정사) 등

※ 가이드 팁: 주소–경남 함양군 백전면 백운산길 85
(대중교통: 서울남부터미널~함양. 하루 3차례 10:32부터 16:10까지 운행한다. 함양은 버스가 자주 없는 불편함 때문에 거창을 경유해 함양으로 오는 길이 더 편리하다. 이유는 거창에서 함양으로 가는 시외버스가 07:50부터 21:45까지 10분 간격으로 운행하기 때문이다. 함양에서 대방마을까지는 07:40부터 19:40까지 하루 14회 군내버스가 운행한다.)

부산광역시와 대구광역시 그리고 경상남 · 북도에는 白雲 37개 중 12개가 있다. 그중 2번째로 높은 이곳 백운산은 1,278m로 경상남도 함양군과 전라북도 장수군의 경계에 백두대간 길목에 위치한다. 산중에는 최치원 선생 기도처로 유명한 상연대와 3 · 1운동 당시 민족대표 33인 중 한 분이셨던 백용성 선사께서 '선농불교'를 주장하며 1927년에 세운 화과원 유허지가 남아 있다. 산정에 오르면 지리산과 덕유산의 주능선이 조망되고 철쭉으로 유명한 남원시의 봉화산과 호남정맥의 기봉이 되는 장안산도 보인다.

세상을 덮어버린 하얀 눈

장수군은 산간지대로 눈이 많이 오는 지역이다. 전국이 한파로 겨울이 꽁꽁 얼어 있을 때 첩첩산골로 쌓인 조용한 대방마을에 개짓는 소리가 산을 울린다.

하얀 눈이 쌓인 대방마을은 벽돌집 지붕 위에도, 나뭇가지에 걸린 까

치집에도 소복이 쌓여 있다. 얼음이 녹아 물이 드러난 계곡에는 채도를 뺀 풍경이 다채롭다. 길이 미끄러워 조심스럽게 내딛는 걸음에 차가운 아침공기가 앙상한 가지 끝을 타고 내려와 허리를 감싸 안으며 마음의 밑바닥에 가라앉은 낯선 풍경에 시선을 멈추다 소복이 쌓인 눈길을 30여 분 걸어 묵계암에 앉힌다.

묵계암은 묵계스님이 창건한 암자라 해서 묵계암이라 부르며 우리나라에서 유일하게 절 마당에 무덤이 있는 곳이다. 풍수학을 모르는 사람도 백두대간이 달려와 백운산에서 힘차게 좌우 날개를 펴 월경산과 대방산을 만들고 기를 똑바로 받은 맥이 묵계암에 맺혔다고 할 만큼 묵계암의 터가 반도 제일의 명당 중 하나라고 하는데 돌비석에 잘 새겨진 글이 인상적이다.

묵계암

백운산 푸른 하늘
물소리 고요하고
흰구름 한가롭네
태고의 신비로움
가득히 머금은
맑은 바람 향기로운
산사의 풍경소리
달은 밝고 밝아
푸른 산 비추이네.

이곳에서 포장도로를 따라 상연대로 올라갔다. 상연대上蓮臺는 대한불교조계종 제12교구인 해인사의 말사로서 신라 말 경애왕 1년(924)에 고

운 최치원 선생이 어머니의 기도처로 건립하여 관음기도 중 관세음보살이 나타나 상연대라 하였고, 창건한 이래 신라 말에는 구산선문의 하나인 실상선문을 이곳에 옮겨와 선문의 마지막 보루가 되었다.

그 후 역대의 고승, 대덕스님이 수도, 정진해 오던 곳으로 천년의 영험이 어리고 신령한 수도 도량이었으나 1950년 6·25전란에 불타고 1953년경에 재건再建하여 오늘에 이루고 있다. 또한, 고려시대를 지나 조선시대에 이르기까지 법등을 밝혀왔다고 한다.

경사는 심하지만 조망이 아름다운 곳

법당에 봉안된 목조 관음보살좌상은 조선시대 중기에 조성되었으며, 원통보전은 최치원 선생이 이곳에서 관음기도 중 관세음보살께서 연꽃을 타고 나타난 곳이라고 한다.

상연대에서 정상까지는 가파른 오르막길이라 상당한 체력 소모를 요구하며 백운산의 겉과 속을 함께 접할 수 있는 곳이기도 하다. 가파른 너덜 지대를 힘겹게 오르면 첫 번째 넓은 터(하봉)에 닿는다.

이곳은 묵계암에서 상연대를 거치지 않고 올라오는 길과 만나는 곳이다. 멀리 남원시의 높고 낮은 산줄기가 파노라마처럼 펼쳐지는 모습이 경이롭다. 또다시 경사도가 심한 오르막길은 중봉을 지나 완만하게 이어진다. 정상까지는 수북이 쌓인 눈길을 푹푹 빠지며 도착한다.

하늘이 유난히 파랗다. 이곳 백운산은 남한의 백운산중 2번째 높이를 자랑하고 있는 것만큼 동서남북으로 뻗어 내린 웅장한 산세와 심산유곡을 자랑하는 백두대간 최고의 전망대로 탐방객의 마음을 사로잡는다. 남쪽 하늘에 하늘 금을 그은 지리산의 주능선이 파노라마처럼 다가온다. 노고단에서 천왕봉까지 그리고 반야봉의 자태가 마치 그리움의 경지를 넘어 차라리 연민처럼 느껴진다. 북쪽 끄트머리에 태평스레 앉아 있는 넉넉한 덕유산 옆으로 황석, 거망, 금원, 기백의 줄기가 한 줄로 늘어져 있다. 가야산, 황매산도 가물거린다. 서쪽 어깨에 백운산과 맥을

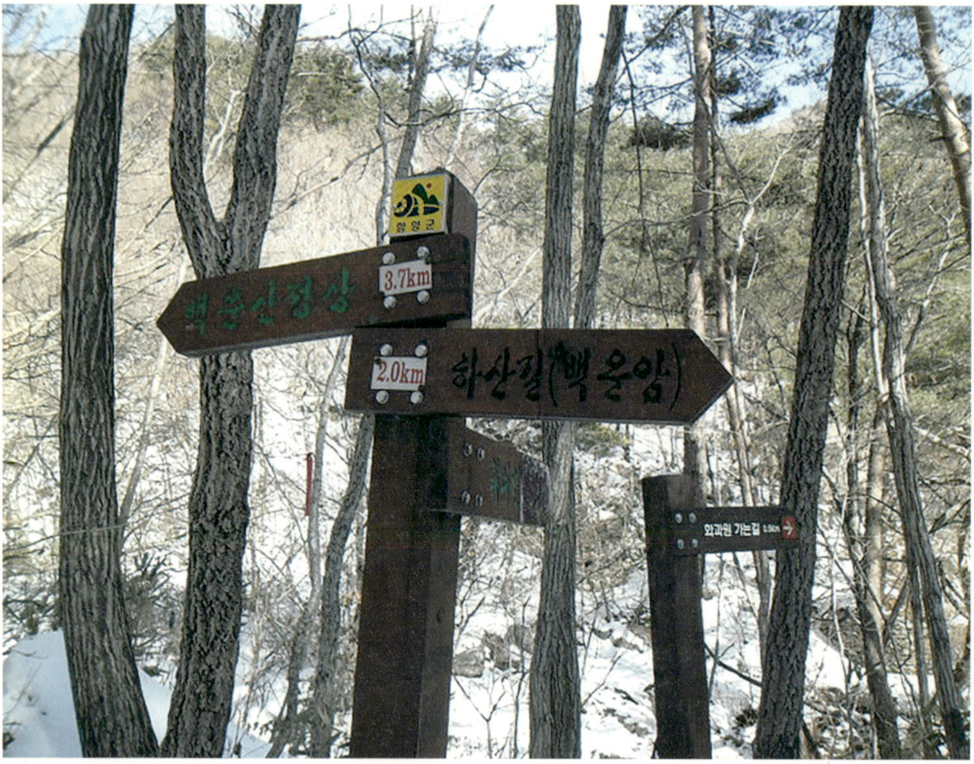
백운산정상
3.7km
2.0km
하산길(백운암)
화과원 가는길

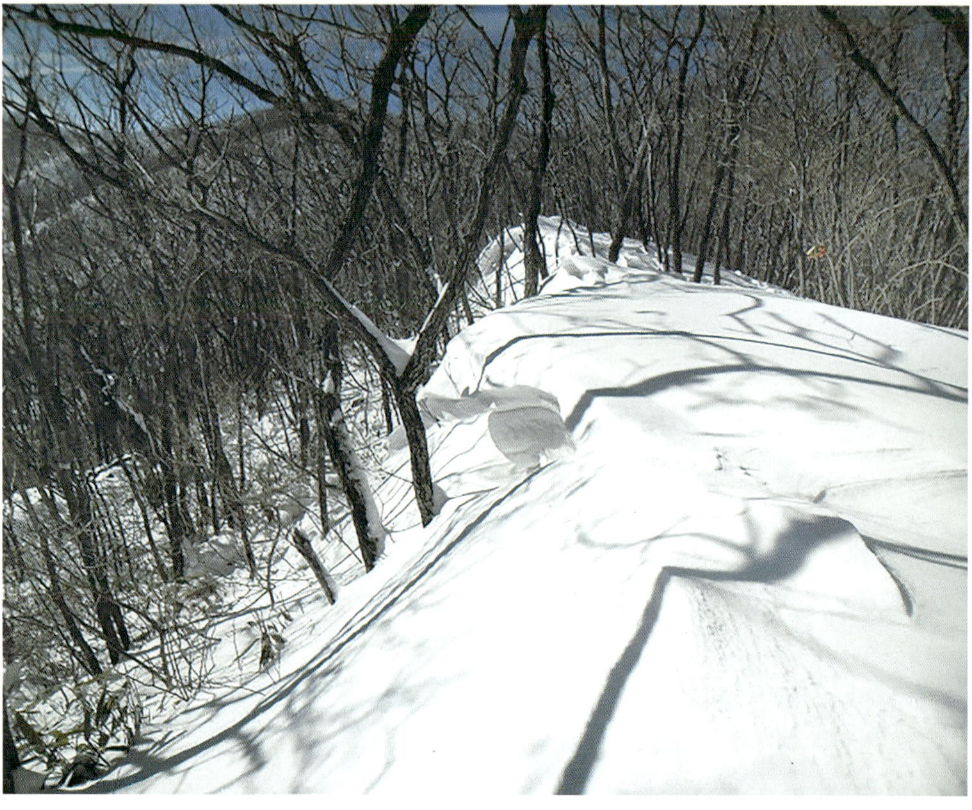

같이한 장안산이 양쪽 날개인양 나란히 맞대어 멋진 풍광을 자아내며. 전형적인 육산임을 자랑한다.

하얀 마음으로 새로운 세계를 찾아가는 길

하산은 원통재 방향으로 틀어 봉과 능선을 바라보니 온통 눈 산으로 만들어져 있다. 눈 산행이야말로 하얀 마음을 안고 새로운 세계로 찾아가는 희열의 세계라 더 진행하려 해 보고 싶은 욕망이 생겼지만 허리춤까지 빠지는 눈 때문에 등산로가 보이지 않아 나뭇가지에 달린 '지리산 함양딸기' 리본과 비실이 부부가 남겨둔 시그널의 도움으로 서래봉을 지나 큰골계곡으로 내려왔다.

큰골계곡에는 화과원이 있는데 그곳은 기 독립선언서에 서명한 33인 중 한 분이었던 용성 스님이 농사짓고 수도했던 곳으로 적멸보궁이 있었던 자리라고 하는데 패스하고 계곡을 따라 백운암으로 들어갔다. 백

운암은 대방마을에서 소형차로 진입이 가능하다. 이곳에 7개의 부도가 있는데 석종형으로 4기가 옥개석을 이고 있다.

백운암을 둘러본 후, 뽀드륵 뽀드륵 바사삭 바사삭 발밑의 아름다운 멜로디를 들이며 신선암으로 내려오자 영은사의 옛터에 경상남도 민속자료인 높이가 280cm인 우호 대장군右護大將과 높이 270cm인 좌호 대장군左護大將이 터를 지키고 서 있다. 좌호 대장군 오른쪽 아랫부분에 '乾隆三十年乙酉閏二月日'이라는 명문이 있어 영조 41년(1765)에 세웠음을 알 수 있다. 이곳에 전해 내려오는 재미있는 일화가 있다.

예전에 트럭 한 대가 이 장승 앞을 지나다가 앞으로 나아가지 못한 일이 있었다고 한다. 마을 주민이 장승에게 빌면 된다고 해 그렇게 했더니 비로소 차가 움직였다고 한다. 또한 돌을 좌호 대장군 머리에 던져 얹히면 아들을 낳을 수 있다고 하여 인근 아낙들이 찾아와 돌을 던지기도 했다는 이야기가 전해진다.

[2014. 1. 5.]

2. 삼봉산에서 금대산 길목의 백운산

높이: 902.7m

위치: 경남 함양군, 전북 남원시

산행코스: 오도재 – 삼봉산 – 백운산 – 금대산 – 금대암(소요시간: 약 5시간)

난이도: 중

별미: 안의 갈비탕, 마천 흙 돼지 등

주변관광: 상림수목원, 지리산 칠선계곡, 벽송사(서암정사) 등

※ **마천면–오도재**: 택시비 14,000원(마천 택시 055–962–5110.)

네비주소: 오도재휴게소 또는 경남 함양군 지리산 가는 길 635

지리산의 유명세 때문에 많은 사람들의 발길이 닿지 않지만 겨울철 산행으로 역사 공부와 지명을 음미하며 인기를 독차지하고 있는 산으로 이름난 이곳은 오도재에서 삼봉산을 지나 백운산을 거쳐 금대산까지 하루에 빡빡할 만큼 알찬 산행을 즐기는 산꾼들이 늘어나고 있다.

냉랭한 겨울한기가 바람 속에서 춤을 추지만 알 수 없는 무언가를 끊임없이 갈구하며 오도재에 도착했다.

역사공부하며 걷다

오도재(령)는 조선시대 시인 묵객들이 지리산으로 가기 위해 반드시 통과해야 했던 유랑의 고개이자 함양 사람들과 남쪽 해안가들의 물물교환을 위해 지리산 장터목으로 가려면 넘어야했던 생존의 길이다.

이름의 유래는 서산대사의 제자인 인오조사가 이 고개를 오르내리며 득도했다 하여 붙여졌다고 한다. 매섭게 내리치는 바람이 회오리를 일으키고 혼자 느끼는 고요한 정일의 순간이 갑자기 바람에 흩어져 하얀 눈송이 사이로 굴러 들어간다. 세찬 바람에 몸을 맡기고 한 걸음씩 앞으로 나아가자 세상은 별일 아닌 듯 기적을 보여주고 숲 속은 찬 기운으로 가득 차 순식간에 삶의 싸움터로 변한 듯하다.

부는 바람에 맞추어 끝이 어딘지 보이지 않은 능선을 걷다가 문득 언젠가 읽었던 글을 생각한다. 러시아의 끝없이 펼쳐진 대자연의 밀림지대를 그들은 '타이가(Taige)' 라고 부르는데 러시아의 작가 안톤 체호프가 〈시베리아 나그네길〉에서 기가 막히게 묘사한 글이다.

"시베리아는 어째서 이렇게도 추운가."

"신의 은총일세."

마부가 말한다. 시간의 흐름도 생각도 멈춘 산기슭에서 마음을 어지럽히지만 삼봉산을 향해 가는 걸음에 생각을 정화시킨다.

능선 오른쪽에는 옛날 가야국의 마지막 임금 구형 왕이 신라에 대항하기 위해 구만 병사를 양성했다고 하는 구만마을과 구형 왕이 활을 만들던 곳으로 활을 개민다(감는다)는 뜻에서 활개미로 부르던 것이 오늘날 음 변화를 일으켜 할 개미로 부르는 고개가 있다. 할 개미고개를 지나면 가야가 위기에 처할 때 백제와 고구려에 원병을 구하러 병사를 보냈다 하여 부르는 원구마을 등 마을마다 옛 조상들의 삶이 엿보이는 듯 삼봉산 줄기마다 달려있는 마을의 유래를 생각하며 걷다보니 오도봉을 지나 어느새 삼봉산(1186.7m)이다.

삼봉산은 투구봉과 촛대봉을 일컬어 삼봉산이라 했는데 최근에 오도봉이 보태져 있다. 주위에는 1,000m가 넘는 높은 산들이 둘러싸여 전형적 산악지대로 지리산 최고의 전망대로 통한다. 하지만 오늘은 펑펑 쏟아지는 눈이 잿빛구름을 몰고 와 조망을 덮어버린다.

백운산으로 가는 등산로는 동서로 길게 누워 빙그르르 흘러 등구재까지 거칠고 가파른 길을 오르락내리락 한 시간의 품을 팔아야 한다. 등구재에서 오른쪽은 남원시 인월로, 왼쪽은 함양군 마천으로 가는 길이다. '등구'란 '거북이가 기어 올라가는 모습'과 닮았다 는 뜻이란다. 또한 이곳은 마천 큰 애기는 곶감 깎기로 나가고, 효성이 가득한 큰 애기는 산수 따러 다 나간다는 민요가 구전될 만큼 감나무가 많고 곶감이 달기로 유명하며, 판소리 6마당 중 가루지기타령에 등장하는 변강쇠와 옹녀가 마지막으로 정착해 살던 곳도 바로 등구 마천이라고 한다. 등구재에는 이런 안내문이 새겨져 있다.

거북등을 닮아 이름 붙여진 등구재
서쪽 지리산 만복대에 노을이 깔릴 때
동쪽 법화산 마루엔 달이 떠올라
노을과 달빛이 어우러지는 고갯길이다.

경남 창원마을과 전북 상황마을의 경계가 되고
인월장 보러 가는 길 새 색시가 꽃가마 타고 넘던 길이다.
그리고 사람을 이어줄 것이다.

살아온 생명체에 감사하며

바람이 부는 소리를 따라 잣나무향기가 쫓겨 온 실구름에 실려 살포시 봉우리에 앉는다. 인생에서 결코 잃을 수 없고 버릴 수도 없는 새로운 길에 생의 의욕을 심으며 거친 숨을 몇 번이나 토하고 올라와서야 902.7m의 白雲山정상에 도착했다. 정상 표지석은 알 수 없는 누군가의 무덤 때문에 한쪽 구석에 물러나 있다.

여름철 풀이 무성하게 자라고 나면 풀숲에 가려 그냥 지나치기 쉬운 정상석이다. 특별히 전해오는 유래는 없지만 손을 내밀어 백운의 바람과 마주했다. 그리고 욕심 부리지 않고 생명을 위협하는 어떤 것에도 물러나지 않고 꿋꿋하게 버티며 살아온 생명체에 감사했다. 다시 걸음을 재촉해 금대산을 향해 걸었다. 촛불 형상을 하고 있는 괴이한 바위에 올라서 마천 일대와 걸어온 삼봉산 능선을 바라보니 아직도 눈이 내리고 있는지 잿빛이다.

지리산의 조망을 보기에 가장 좋은 곳

금대산은 지리연봉들을 가장 가까운 거리에서 가장 많이 그리고 가장 세밀하게 조망할 수 있는 곳으로 제일금대第一金臺라는 옛 별칭이 있다.

바위가 많은 금대산에 다가설수록 삼봉산 구간과는 달리 시야가 탁 트이며 조망이 시원하다. 정상 표지석을 빙 둘러싸고 있는 바위의 모습이 다채롭다.

지리산에는 전망 좋은 8대(금대, 마적대, 문수대, 연화대, 묘향대,만 복대, 수성대, 청신대)가 있다고 전해진다. 옛날

도선 국사가 지리산 곳곳을 돌며 수행 하던 중에 금대에 올랐는데, 이곳 경치가 너무 빼어나 3일 동안 벌어진 입을 다물지 못했다고 한다. 이처럼 금대산은 지리산이 감싸 안은 정기를 한 몸에 받는 양지 바른 명당자리가 이름만큼이나 빛나는 곳이다.

하산은 금대암으로 정하고 가파른 내리막길을 내려서는데 이름 모를 바위들의 모습에 감탄사가 저절로 나온다. 외로운 고사목 하나가 바위

틈에 뿌리를 두고 앙상한 뼈처럼 꽂힌 곳도 있다.

금대암은 656년에 창건된 고찰로 도선 국사가 나한전을 중창하면서 나향 도량으로 유명하다. 전설에 의하면 금대의 남신 때문에 지리산 여신의 정기가 모여든다고 한다. 또한, 지리산 절 가운데 최고로 치는 문인 선비가 많다고 전해지며, 수령이 500년으로 추정되는 가장 크고 오래된 전나무가 있다. 그 외에도 정토경 가운데 염불공덕이 있는 사람이 임종을 할 때 서방의 대성께서 금대암을 최고로 치는 것은 가장 공덕이 높은 사람은 금대에, 그 다음은 은대에 모신다는 말이 있다. 그 근거는 정토경에서 찾을 수 있다고 한다.

지리산을 제대로 조망하려면 오도재에서 출발하여 삼봉산에 올라 남쪽으로 뻗은 산줄기를 따라 백운산, 금대산을 거쳐 내려오는 방법을 권하고 싶다.

[2015. 1. 17]

3. 신령한 빛이 내렸다는 백운산

높이: 893m

위치: 울산광역시

산행코스: 삼백육십오일사 – 삼강봉 – 백운산 – (옛)삼익목장 – 선재봉 – 벽운암 – 삼백육십오일사(소요시간: 약3시간/난이도: 중)

별미: 언양 한우불고기, 병영 막창, 자연산 회 등

주변관광: 대왕암, 태화강 대숲 길, 간절 곶 등

※ **가이드 팁**: 울산광역시 울주군 두서면 내와리(네비–삼백육십오일사)
고속도로이용 광양 – 언양IC 출구 216.7㎞ : 왕복 20,800원)

영남 알프스의 최북단 출발점이자 호미곶으로 동진하는 호미기맥의 시점이 되는 이곳 백운산은 신라 때는 열박산咽薄山으로 불렀다고 한다. 열박산咽薄山이 언제 백운산으로 바뀌었는지 알 수 없으나 대체로 『열밝』의 본뜻은 환하게 열린 산이란 뜻이다. 그곳에는 예로부터 하늘에서 신령한 빛이 내린 산이라 여겨 신라의 김유신 장군이 하늘에 제사를 지내고 무예를 닦았다는 이야기가 전해지며 태화강발원지인 탑골샘도 있다.

무성한 소나무 숲길을 따라

산행은 내와 마을회관에서 삼백육십오일사 들어가는 입구에 벽운암과 구화사 간판이 있는 곳에서 오른쪽 나뭇가지에 달려있는 리본을 따라 들어간다.

하늘을 덮은 무성한 숲 사이로 눈부시게 다가온 아침은 용틀임하며 산길에 빛을 내려줄 때, 푹신한 육산은 걸음을 가볍게 하여 이름 없는 399봉을 지났다.

지속적으로 완만하게 이어지는 산길에 뭇산꾼들의 흔적에서 찾은 묘2

기가 안동 권씨 묘임를 확인하고 헉헉거리며 삼복 더위에 내 쉬는 숨은 몇 발자국 못가서 땀이 비 오듯 등줄기를 타고 흘러내린다.

오르락내리락 서서히 고도가 높아지는 산길을 약 1시간쯤 올라가자 낙남정맥과 호미기맥의 갈림길이다.

갈림길에서 살짝 비껴난 천길 벼랑 낭떠러지 위에 삼강봉이 있다.

삼강봉은 꼭대기에서 떨어지는 빗물이 방향에 따라 서쪽은 소호리 동창천을 지나 낙동강으로, 동북쪽은 내와리 큰골로 지나 포항 형산강으로 흐른다. 또한 동남쪽은 미호 저수지와 미호천을 지나 울산 태화강으로 흐르는 분수령을 이루고 있다.

서쪽 하늘에 닿은 초록의 숲 너머로 백운산 봉우리가 고개를 내밀며 모습을 드러냈다. 정상을 향해 활엽수로 터널을 이룬 울창한 숲길에 한낮의 태양을 안고 숨 가쁘게 능선 길을 따라 한참 오르는데 로프를 타고

올라선 곳에 칼등처럼 뾰족하면서 넓은 바위가 버티고 있다.

홀로 길을 확보하며 초지에 닿아

바위에 올라서자 막혔던 시야가 트이면서 산줄기가 줄줄이 눈에 들어온다. 그곳에 앉아 빵과 우유로 식사를 대신하고 조망의 설레임은 상념에 잠긴다. 이 바위 100m지점 아래에 김유신 장군 기도굴이 있다는데 한여름 폭염에 패스를 하고 정상으로 올라갔다. 정상은 조망도 없는 평지에 표지석이 서로 다른 3개가 나란히 자리를 지키고 있다.(현재(2018년) 893m의 표지석 하나만 있다.)

애잔한 바람은 길손을 반기며 무엇인가 호소하는 듯 가슴에 닿아 잔잔한 동요를 일으킨다.

하산은 손에 잡힐 듯 둥그스럼하고 마치 무덤 같은 고헌산 방향으로 가다가 방화선 복원공사 안내판이 있는 곳에서 따라 약 50m

쯤 더 진행하다가 좌측으로 나뭇가지에 달려있는 시그널이 안내해 주는 오솔길로 들어갔다.

날씨 탓인지 계절 탓인지 울산 근교에 있으면서 찾는 이가 별로 없는 탓에 길을 확보하며 낙엽이 깔린 푹신한 오솔길을 한참동안 걸어 넓은 초지에 닿았다.

이곳은 옛 삼익목장이다. 목장에는 아직도 많은 소들이 유유히 풀을 뜯다 인기척을 들었는지 나를 향해 고개를 들며 다가왔다. 갑자기 온몸에 싸늘한 기운이 돌면서 무서움이 서렸다. 잽싸게 그곳을 빠져나와 선재봉 가는 길을 찾았다. 선재봉으로 가려면 오른쪽 끝에 철조망을 넘어야 했고 철조망을 넘어가자 등산로 시작점에 부산일보 시그널이 싱그러운 숲의 향기를 담아 길잡이를 해 주어 선재봉까지

는 어려움없이 도착한다.

선재봉(586m)에서 그동안 일상생활에서 무거운 짐들을 내려놓고 내리막길을 내려오자 포장된 도로가 나오고 그곳에 벽운암이 있다. 돌아오는 길에 삼백육십오일사의 경내를 둘러보며 울산 태화강의 발원지가 백운산 아래 탑골 샘이라는 것도 알게 되었다.

[2013. 8. 3]

4. 하얀 구름이 산허리에 걸려있는 백운산

높이: 885m

위치: 경상남도 밀양시

산행코스: 밀양 얼음골 백연사 주차장 – 백연사 – 능선 – 백운산정상(885m) – 구룡소폭포(갈림길–구룡소폭포–구)제일관광농원 – 삼양교 – 시례호박소 – 백연사 (소요시간: 3시간/ 난이도: 중)

별미: 백숙, 순대 및 전골 등

주변관광: 영남루 야경, 얼음골, 영남 알프스, 위양못 이팝나무 등

※ **가이드 팁**: 남해고속도로 – 동창원IC 출구 일반국도 25번 이용 또는 밀양IC – 남밀양IC출구 일반국도 24번이용하여 얼음골 방향으로 간다.

네비게이션: '호박소' 계곡 가는 길(경상남도 밀양시 산내면 삼양리)

밀양 백운산(885m)은 화강암으로 이루어진 거대한 암산으로 규모는 작지만 풍광이 아주 뛰어난 산이다. 화려한 산세에 비해 생각만큼 널리 알려지지 않았다. 그 이유는 영남알프스의 맏형인 가지산(1,241m)과 운문산(1,188m), 천황산(재약산)(1189m), 신불산(1159m), 영축산(취서산)(1081m), 그리고 고헌산(1034m)과 간월산(1069m)등 주변에 1000m급 이상의 산이 즐비하기 때문이다.

봄빛이 내려 앉은 길에

산행은 호박소 아래 백연사에서 출발했다.

등산로는 백연사에서 백연식당 옆 대밭 앞에 야외용 천막이 쳐져 있어 잘 보이지 않지만 대밭 쪽으로 계단을 올라서면 밀양–울산 간 24번 옛 도로가 나온다. 본격적인 등산로는 도로 건너편 휀스 옆 벽면에 흰색 페인트로 '←백운산' 등산로가 표시되어 있는 옆으로 작은 구멍으로 들어가면서 시작된다.

초입부터 거칠고 가파른 등산로는 산이 예사롭지 않다는 것을 암시하

지만 여기저기 봄을 알리는 진달래꽃이 무리지어 미소 짓는 앳된 모습은 수줍은 새색시처럼 해맑다.

봄빛을 받아 산로에 햇살이 은빛으로 반사되어 내려앉는 모습이 찬란하다. 능선이 가까워 오자 하늬바람이 생기를 불어 넣어 준다. 20여 분쯤 올라가자 능선에는 철제 이정표가 있고 정상으로 가는 철 계단을 올라서자 주변의 수려한 경관이 길손들의 발목을 서슴없이 집어 삼킨다.

시련을 이겨내고 길을 내어 준 웅장한 산세

주위는 지금까지 경험하지 못한 다른 세계를 만난 듯 푸르른 천지에

마치 자연의 위치처럼 봉우리들이 순서대로 줄을 서 있는 듯 하다. 능선 중간 중간 바위틈사이에 깊이 뿌리박은 소나무 몇 그루가 수많은 역사를 고스란히 안고 지난 세월을 이야기 해 주는 듯 흔들거린다.

순간 골짜기 건너 지천에 있는 천길 절벽과 이 험준한 곳이 아름답게만 보이는 풍경이 사람들의 핏줄처럼 시련의 시간들을 견뎌 냈을 거라는 생각을 하니 웬지 더 애뜻하고 귀하게 여겨졌다.

웅장하고 아기자기한 이곳 백운산은 멀리서 떠나온 누군가에게 길을 내어주고 걷는 이의 마음과 시선의 마음을 내어 주는 듯 삶에 지치고 더럽혀진 가슴을 씻어 내려 주는 듯하다.

때론 밧줄을 잡고 때론 계단을 오르고 그리고 키 작은 바늘잎과 활엽수 길을 지나면서 완벽하게 보이던 풍경은 어느덧 인내와 땀으로 젖는다.

앞사람의 등을 보면서 또 때로는 옆 사람과 부딪히면서 어떻게 올라가고 어떻게 내려갈지 고민하면서 어느새 구름을 쓰고 있는 백운산(885m) 정상에 도착했다.

일 년 내내 산악인들의 암벽 훈련장이 되고 높지도 낮지도 않은 이곳에 운문산과 재약산 능선은 산세를 누그러뜨리지 않고 병풍처럼 펼쳐져 웅장하면서도 부드러운 느낌을 준다. 멀리 신불산과 영축산도 고개를 내민다.

하산은 첫 번째 안부에서 제일농원이정표를 따라 내려갔다.

억겁의 세월이 빚어낸 자연을 보며

구룡소 폭포를 지나 용이 살고 있어 깊이를 헤아릴 수 없다는 시례호박소詩禮白淵로 내려왔다. 억겁의 세월이 빚은 자연물이라기엔 너무나 정

교하고 아름다운 절구통 소沼인 호박소는 밀양8경의 하나로 계곡 끝 지점에 있다.

시례호박소詩禮臼淵는 구연臼淵이라고도 하며 혹독한 가뭄에 범이나 돼지 머리를 넣으면 물이 뿜어 나와서 곧 비가 된다하여 아주 옛날에는 오랜 가뭄이 계속될 때 기우제를 지내는 기우소祈雨所였다고 한다. 이는 옥황상제에게 벌을 받아 용이 되어 하늘로 승천하지 못한 이무기가 소沼속에 굴을 파고 살고 있다."는 전설로 이무기는 자기가 살고 있는 연못 속에 더러운 것이 들어오면 그것을 씻어내기 위해 조화를 부리기도 한다는데 시례호박소는 동그란 원을 그리며 계곡 명주실 한 타래가 들어갔을 만큼 깊었다고 하는 얘기도 전해진다.

암반으로 이뤄진 수많은 폭포와 소, 시원스레 쏟아져 내리는 청류가 지친 발걸음을 잡아 오천명 바위에서 피로를 풀며…….

[2013. 03. 16]

5. 백두대간 길에서 빛을 잃은 백운봉

높이: 770m

위치: 경북 김천시, 충북 영동군

산행코스: 직지사 – 운수암 – 백운봉 – 황악산 – 형제봉 – 신선봉 – 망봉 – 직지사
(소요시간: 5시간/난이도: 상)

별미: 호박해물 칼국수, 한우고기 등

주변관광: 연화지 봉황대, 김천 모티길, 고방사 등

※ 가이드 팁: 승용차를 이용하려면 네비게이션에 "직지사"를 치면 된다.
(김천역과 터미널에서 수시로 11번과 111번의 시내버스가 운행한다.)

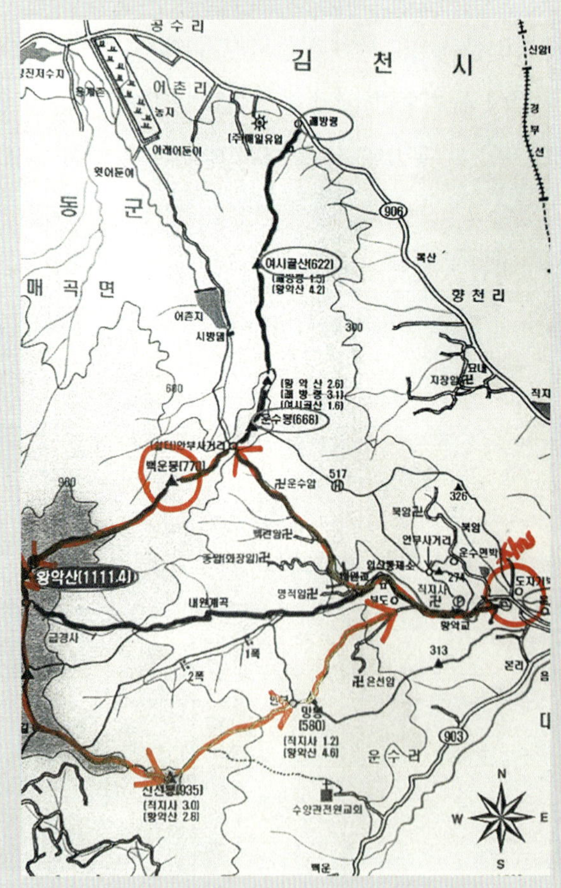

황악산(1,111m)에서 북쪽으로 뻗은 산줄기가 백운봉을 만들고 운수봉을 만들어 백두대간으로 이어진다. 황악산은 예로부터 학이 많이 찾아와 황학산이라고도 불렀으나 직지사의 현판 및 택리지에는 황악산으로 되어 있다. 황악산은 울창한 소나무 숲과 깊은 계곡에 옥같이 맑은 물, 가을의 단풍과 겨울의 설화가 아름답다. 정상에 서면 서쪽으로 민주지산, 남쪽으로 수도산과 가야산, 동으로 금오산, 북으로는 포성봉이 보인다.

[Daum백과]

가을 향연은 찬란한 빛으로

나의 용기는 도전이고 배짱이다. 홀로 걷는 길에 누군가 동행을 해 준다면 얼마나 고마운 일인가. 이번 산행에도 은영이 부부가 동행을 해 준다기에 고마운 마음으로 멀고 험한 산행길에 조금이라도 배낭 무게를 줄이려고 김밥을 호일에 감았다. 우리는 백운봉을 찾아 먼저 오르고 난 후 직지사를 둘러보기로 하고 운수암을 향해 걸었다.

운수암雲水菴은 통일신라 때 창건되어 임진왜란 때 소실되었다가 1964년 보인普仁비구니 스님에 의해 중창 되어 그동안 많은 고시생을 배출한 암자로 직지사 산내 암자 중 가장 높은 곳에 있다. 참고로 운수암을 중

창하여 불사한 보인 큰 스님과 선오 주지스님은 평소 지역 사회와 동행하는 나눔 활동에 깊은 관심을 가지고 저소득 아동들에게 매년 장학금을 전달하며 부처님 오신 날을 맞아 어려운 이웃돕기를 지속적으로 하시는 정말 훌륭한 분들로 소문나 있다.

운수암을 둘러보고 난 후 산길로 접어들었다.

"오늘은 산이 높고 험하니 가을 속에 묻혀 실컷 즐기면서 산행하자꾸나."

"그래그래 그게 좋지. 우리가 힘들지 않게 산을 오르려면 즐기면서 가는 게 최상의 방법이지."

"오매 단풍 좀 봐. 너무 눈부시게 아름답다."

"정말 색깔 죽이네."

백운봉

능선에 이름을 묻고

잘 익은 가을이다. 허리가 굽을 정도의 가파른 길은 찬란한 빛속에서 된비알로 이어져 능선에 도착한다. 능선은 가을 향연에 잔치를 벌인 듯 길손들로 시끌벅적하다. 우리는 시끄러운 소음을 피해 숨을 고른 후 정상으로 가는 장쾌한 능선에서 지도를 손에 펴고 백운봉의 위치를 찾으며 걸음을 멈추었다.

"지도상으로 위치를 보아 이곳이 백운봉 같아."

"어디보자. 정말 맞네."

"등산로에서 약간 높은 걸 보니 아마도 이곳이 백운봉이 틀림없는 것 같아."

"고도를 한 번 재볼까?"

약간의 경사진 곳을 올라 짐작으로 봉우리임을 알아차리고 고도를 재보았다. 삼각점도 푯말도 없는 백운봉이지만 수많은 길손들이 밟고 지나갔으리라.

황악산의 명성에 가려지고 백두대간 길에 묻혀 특별한 의미를 두지

않고 지나가는 곳이지만 전국의 白雲을 찾아 나서는 나에게는 이곳 백운봉이 한 페이지를 차지한다. 다시 황악산 정상으로 가는 등산로는 30년 전이나 지금이나 별다른 변화는 없다. 아련히 떠오르는 건 여름으로 기억된다. 김천역에서 버스를 타고 직지사에 도착하자 억수같이 퍼붓는 장대비에 산은 안개에 잠기고 한치 앞도 보이지 않아 어디가 길인지 어디가 계곡인지 분간할 수 없었지만 산행을 강행하여 엉덩이를 끌며 내려온 기억이 주마등처럼 스친다.

'무식하면 용감하다' 는 말처럼 위험하기 그지없는 산행을 겁 없이 했던 생각을 하면서 어느 새 황악산 정상에 도착했다.

황악산의 의미

황악산黃嶽山은 전형적인 육산이다. 그래서 설악산雪嶽山처럼, '바위산' 이라는 의미보다는 '큰 산' 이라는 의미를 가진 산이다. 특별하게 특징은 없으나 산림이 울창하고 봄철이면 능여계곡에 피는 진달래, 벚꽃, 산 목련의 아름다움에 우리나라 100대 명산에 선정되었다고 한다.

높이가 1,111m인 황악산에 누군가 1자가 4개인 이 산에 오르면 모든 일이 일사천리로 순탄하게 풀린다고 하는 속설도 전해진다. 하산은 신선봉을 거쳐 망월봉으로 하

여 직지사로 향했다. 산이 높은 만큼이나 산길도 가파르다. 신발 끈을 단단히 조여 발가락이 앞으로 쏠리지 않게 한 후 형제봉을 지나 신선봉에서 잠시 숨을 고른 후 따스한 가을햇살이 나뭇잎에 내려앉아 곱게 물든 단풍잎을 바라보며 지나온 능선을 헤아려 본다.

붉게 물든 단풍 물결을 따라 가파른 내리막길을 혼신을 다해 고개 안부에 내려섰다. 숲 터널로 붉게 된 산홍이 태양빛에 반사된 화려함에 취해 망월산에 이르렀다. 나뭇가지 사이로 하늘과 맞닿은 듯한 황악산 정상이 구름에 쌓여 주변 풍경들과 함께 어우러져 가을이 무르익은 성숙함은 봄의 생기 어린 모습과는 또 다른 감동으로 다가와 마음을 풍요롭게 채워준다.

가을단풍 길에서 사진을 찍고 실질적인 이익이 없어도 좋은 것에 몰리는 많은 사람들의 모습에서 아직 삶의 여유가 있다는 걸 새삼 느낀다. 청명한 가을하늘과 나뭇잎이 떨어져 뒹구는 낙엽들은 최소한의 활동만으로 다가올 추운 겨울을 견딜 준비를 할 줄 아는 지혜를 엿보며 마음속에 긴 여운을 담아 산행을 마치고 직지사를 둘러본다.

직지사

직지사는 대한불교조계종 제8교구 본사로 사적기〈事蹟記〉에 의하면 신라시대인 418년(눌지마립간2) 아도화상我道和尙이 선산 도리사桃李寺를 개창할 때 함께 지었던 절이라고 한다. 아도화상이 황악산 직지사 터를

손가락으로 가리키면서 저곳에 절을 지으라고 했다는 설과 성주산문의 조사祖師 무염대사가 머물렀던 심묘사에 부속된 절로 남종선의 가르침인 '불립문자 직지인심견성성불'不立文字直指人心見性成佛을 표방한 데에서 유래했다는 설이 있다. 그 후, 645년(선덕여왕 14) 자장율사가 중창한 이래로 930년(경순왕 4), 936년(태조19)에 천묵대사天默大師와 능여대사가 각각 중창하여 대가람이 되었으며 조선시대에는 사명대사四溟大師가 출가하여 득도한 절로도 유명하다. 현재 경내에는 대웅전(1735 중건)을 비롯하여 천불이 모셔져 있는 비로전(1661 창건) · 약사전 · 극락전 · 응진전 · 명부전 · 사명각泗溟閣 등이 남아 있다.

누군가 직지사 천불 상 앞에서 본인 나이를 세어 가로와 세로에서 만난 부처님의 모습이 미래의 남편 모습이라 하는 우스개스런 말이 미소를 머금게 한다.

[2015. 10. 27]

6. 낙동강 전투의 마지막 노선 백운산

높이: 713m

위치: 경상북도 칠곡군

산행코스: 다부리 풍남반도체테크 – 잡목 우거진 숲 – 능선 – 백운산 – 임도 – 황학산 – 임도 – 대구예술대학교 – 다부리(소요시간: 4시간 소요./난이도: 상)

별미: 감자탕, 한우 참숯 구이 등

주변관광: 가산산성, 관호산성, 칠곡 호국 평화 기념관 등

※ 가이드 팁: 중부내륙고속도로 왜관, 다부IC 출구–다부리 마을
(내비게이션에는 '대구예술대학교' 로 하면 된다. –경북 칠곡군 지천면 백운리)

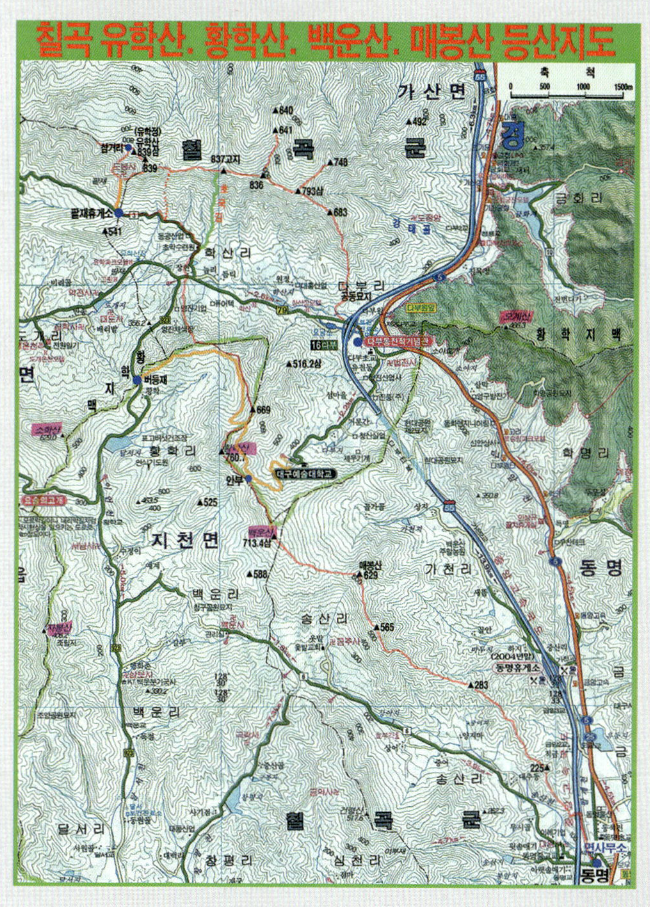

바람도 쉬어간다는 경북 칠곡군에는 고고하고 깨끗함을 상징하는 유학산과 경관이 아름다운 곳에서만 산다는 학鶴이 노닐던 산이라 하여 부르는 황학산과 소학산이 있는 능선에 백운산이 있다.

아직도 끝나지 않은 한국전쟁, 6 · 25를 겪었던 사람들은 낙동강전투를 잊지 못할 것이다. 1950년 전쟁 발발 직후 서울 · 수원 · 천안 · 대전을 인민군에게 내주고 우리 국군과 유엔군이 물러설 수 없는 마지막 노선이 낙동강 방어선이었다. 낙동강 방어선은 경상북도 칠곡군 왜관읍에서부터 진해 쪽으로 흘러가는 낙동강을 사수하는 전선을 일컫는다. 낙동강에서 최후의 치열한 공방전이 벌어졌는데, 그 중에서 왜관 근처 낙동강에서 벌어진 전투와 다부동 · 유학산에서 벌어진 전투가 가장 격렬했다고 한다.

숲이 우거진 길에 길을 열며

선답자들이 남긴 흔적들을 인터넷을 통해 정보를 얻은 후 대구 예술대학교가 있는 다부마을에 도착했다. 다부마을을 빙그레 둘러싸고 있는 산줄기에 온화함과 포근함을 느끼며 등산로를 찾기 위해 '풍남반도체테크' 건물이 있는 곳으로 갔다.

하지만 공장문은 굳게 닫혀져 있고 작업하다가 만 잔재들만이 여기저기 널브러져 있어 옆에 있는 건물로 갔다.

"실례합니다. 죄송한데 이곳에 등산로는 어디로 가야 있나요?" 하고 묻자

"하이고얘 요기는 등산로가 없습니데이 정상적인 등산로는 조짝으로 가믄 있는디 요기서 멀그마라. 쪼매 빨리 갈라믄 저기 건물 뒤로 가서 올라가야쓴디 아매도 숲을 치고 할거라얘." 하며 걱정부터 하신다.

나는 조금이라도 시간단축을 하기 위해 조심스럽게 건물 뒤를 돌아 숲으로 들어가자 잡목과 가시덩굴이 길을 막아 등산로는 보이지 않았다. 손과 팔은 가시덩굴에 찔려 따끔거렸지만 선답자가 남겨놓은 흔적을 찾다가 나뭇가지에 매달려 팔랑거리는 리본을 발견하고 길을 찾았다

는 기쁨에 아픔도 잊어버렸다. 더위가 바람을 재운 산길에 온몸은 땀에 젖고, 피로에 지쳐 호흡이 커져간다. 한낮의 태양은 지칠 줄 모르게 폭염을 쏟아내고 타는 목을 축여가며 몇 번이나 제자리 걸음에서 땀을 닦아낸 후에야 '백운산 정상' 이라고 적힌 푯말 앞에 섰다. 습하고 더운 날씨 탓에 물은 바닥이 났다. 갈증을 해소하기 위해 배낭 속에 비상용 캔맥주 하나를 꺼내 마시자 어느새 알-콜은 핏줄을 타고 몸속을 퍼져 들어간다.

백운산白雲山의 유래나 전설을 알아보기 위해 칠곡 군청에 전화를 해보았다.

"칠곡군청 00과 00입니더얘."

"수고가 많으십니다. 궁금한 게 하나 있어서 여쭤보려고 전화 드렸습니다."

"예. 말씀하이소얘."

"다름이 아니라 여기 칠곡군에 있는 백운산인데 혹시 백운산에 내려오는 전설이나 유래가 있는지 있다면 좀 알려주십사 하구요."

“죄송합니더얘. 백운산에 대한 특별히 정보가 없습니더얘.”

특별한 이유가 없는 건 아무래도 이곳 황학지맥에 걸쳐 있는 황학산과 유학산 그리고 소학산의 전설이 널리 알려져 백운이라는 이름에 별다른 관심이 없는 모양이다. 정상에는 푯말만 나무에 걸려 있을 뿐 방향 이정표도 없다. 직감으로 정상에서 서쪽으로 뻗어 내린 능선이 매봉산 방향임을 알아차리고 황학산으로 가기 위해 지도를 펴고 북동쪽 능선으로 걸어 나갔다.

소낙비 쏟아지듯 땀방울은 쏟아지는데

특별히 내 놓을 만한 것이 없는 밋밋한 등산로에 백운산의 연리지가

눈길을 사로잡으며 여름 산행에서만이 누릴 수 있는 산딸기 따먹는 재미가 더위를 잊게 한다.

텅 빈 마음에 산딸기의 풍요로움을 채워 넓은 포장 도로로 내려왔다.

포장도로는 대구예술대학교로 연결되며 백운산과 황학산을 갈라놓은 듯 중간쯤 되는 곳이다. 여기서 산행을 마칠까 잠시 망설이다가 광양에서 이곳까지 한번 오기가 쉽지 않다는 생각에 욕심을 부려 황학산을 오르기로 했다. 황학산을 오르는 길도 백운산을 오를 때와 마찬가지로 숲을 헤치며 가시덩굴에 찔리는 건 마찬가지다. 습도가 높은 여름철 날씨답게 숨은 막히고 땀방울은 소낙비 쏟아지듯 시간이 공간을 들락거렸다. 한참을 그렇게 오르자 큰 바위가 앞을 막았다.

바람을 잡자 산불 초소가 황학산이라고 잉크한다. 정상 널따란 공간에 두 팔을 벌려 大자를 그리며 눈을 감았다. 정신없이 시계 초침은 움직였지만 더 이상 산행을 강행하지 않았다. 서쪽 능선에서 백운산이 편안하게 다가온다.

북쪽 멀리있는 반짝이는 저수지 건너 소학산이 눈앞에 아른거리고 유

학산은 지도에 표기되지 않아 찾을 수가 없어 아쉬움이 남지만 이곳에 재미있는 이야기 하나가 아쉬움을 달랜다.

옛날 한 문중에서 유학산에 있던 묘를 이장하려고 하는데 전날 밤 꿈에 백발 노인이 나타나 묘를 옮기지 말라 하였으나 무시하고 묘를 파자 그 안에서 학 세 마리가 날아올라 여기 황학산과 소학산으로 날아갔다는 이야기가 귀에 들어온다.

정상에서 동쪽으로 이어지는 산길로 내려오자 다부리에서 황학리로 넘어가는 포장된 임도다. 이곳에서 대구예술대학교 정문까지는 한 시간 정도 걸어 끝이 나자 갑자기 6 · 25때 죽어간 수만 명의 영혼이 기습해 오는 듯 온몸에 싸늘한 기운이 스며드는 듯 오싹해진다.

[2015. 6. 29.]

7~8. 기양지맥에 김천백운산과 상주백운산

높이: 김천 618m, 상주 630m.

위치: 경상북도 김천시, 상주시

산행코스: 송북2리 – 성북마을 – 백운산(618.3m) – 전망대 – 백운산(630m) – 기양지맥 갈림길 – 송문마을 – 송북2리 마을회관 – 성북마을(8.5㎞/3시간/난이도: 상)

별미: 지례 흑돼지 불고기

주변관광: 직지사, 남면 오봉저수지, 세계 도자기 박물관 등

※ 가이드 팁: 주소–경북 김천시 감문면 송북리(산202-1)

티맵: 송북마을회관

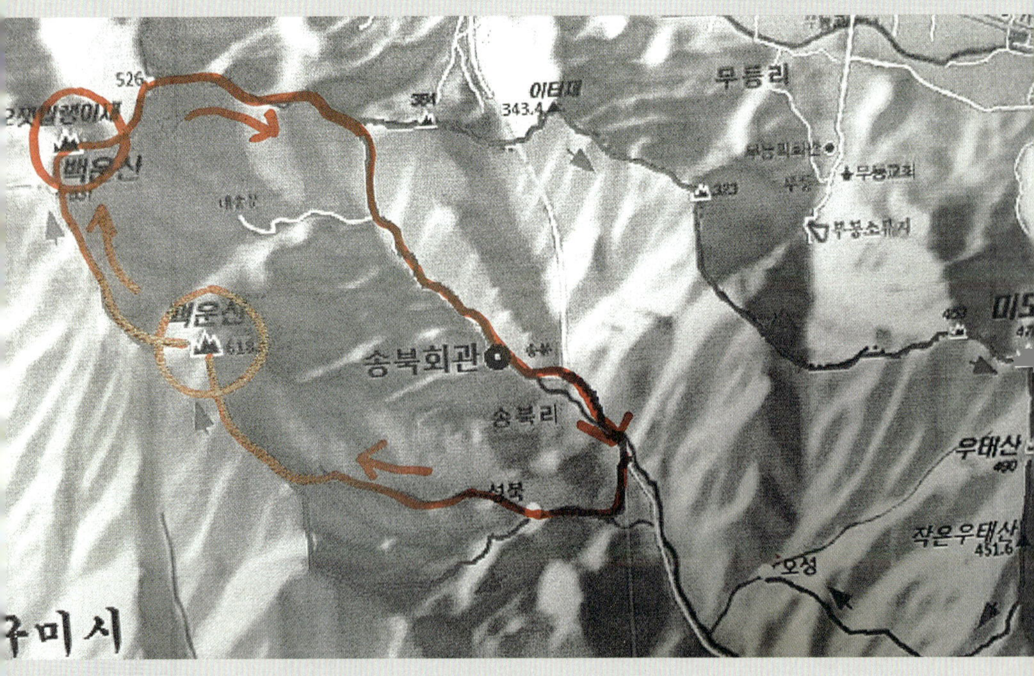

기양지맥은 백두대간 추풍령을 지나 충청북도 웅이산(국수봉)에서 청운봉-여남재-상리고개-백운산-수선산으로 이어지는 마루금으로 약46㎞이다. 하지만 금강과 낙동강의 분수계 역할을 하고 있는 중요한 지역이나 특성상 각종 도로와 휴게소 등으로 인해 마루금이 단절된 부분이 많다. 웅이산(국수봉)은 웅신당이라는 곳이 있어 천제와 기우제를 지내기도 하였으며 충북과 경북의 경계이다. 전해오는 이야기에 의하면 옛날 이곳에 곰이 살았다고 하여 곰산이라고도 불렀으며 중국의 웅이산과 같이 시초가 난다고 한다.

먼저 간 산님의 발길을 찾아

송북마을은 조용하고 아늑하다. 마을 안에는 느티나무 와 경로회관

그리고 정자와 돌비석도 있다.

송북2길 192번 집에서부터는 산으로 가는 길이 매우 좁아지면서 농로가 많아 갈림길이 나올 때마다 먼저 다녀간 산님의 흔적을 뒤적거리며 마지막집 갈림길에서 오른쪽 나뭇가지에 달려있는 시그널을 따라 묘2구가 있는 갈림길에서는 왼쪽 대나무 사이를 지났다.

오른쪽 넓은 숲길 끝에서 계단을 오르자 편안한 능선길은 약 40여 분 이어지다가 첫 번째 쉼터가 나온다.

누군가 '정상가는 길' 이라고 종이에다 글로 써서 나무에 매달아 놓았다.

산을 간다는 것은 오로지 정상만을 쳐다보고 가는 것은 아니다. 가끔 들려오는 바람 소리에도 귀 기울여보고 발 밑에서 아는 척 해주는 낙엽을 바라보기 위해 고개를 숙이기도 하며 지나온 길과 가야할 길을 수시로 확인해 보는 것도 산을 오르며 해야 할 중요한 일이다. 신갈나무, 갈참나무, 상수리나무가 잎을 떨구고 앙상한 가지 사이로 빛을 보내온다.

겨울햇살이 가파른 오르막길에 연거푸 거친 숨을 토해내게 한다. 머

릿속부터 흘러내린 땀방울은 모자 끝에서 방울방울 떨어져 부서진 갈색 이파리를 적신다. 몇 번이나 긴 한숨으로 두근거리는 심장을 달래며 높아만 보이던 618m백운산에 도착했다. 전국에 백운산이 많지만 이곳 618봉 백운산은 좀 특이하다.

김천시는 감문국이었다

『삼국사기』에 의하면, 신라는 231년(조분이사금-본명:석조분)에 이찬伊湌석우로昔于老를 대장군으로 삼아 감문국을 토벌하고 그 지방을 군으로 삼았다고 한다.

조분 이사금은 신라 제11대 왕으로 이름은 조분 또는 제분이며 칭호는 이사금, 벌휴 이사금으로 불렀다. 이사금은 당시 나이가 어려 바로

왕으로 즉위하지 못하고 내해 이사금 다음으로 왕위에 올랐다.

감문국은 삼한시대 변한계 12국 중 하나로 감천의 풍부한 물과 비옥한 경지를 기반으로 가야, 사벌국과 교류하며 독자적인 문화세력을 구축한 읍락국가였으나 1,800여 년의 세월동안 대부분의 유적이 멸실되어 금효왕릉과 감문산성, 궁궐 초석, 고분을 비롯한 일부 유적만이 남아있다고 한다. 당시 이곳에는 5,000여 명의 주민이 살았고 신라에 의해 병합당했다고 전해진다.(지금의 경상북도 김천시 개령면 지역에 있었던 것으로 추정된다.) 지나간 이야기이지만 김천시는 신문지상에 감문국에 대한 기사로 한동안 대단했다고 하며 감문국은 고대국가가 존재했던 역사적인 배후의 명산이라 하여 이곳을 성지로 정하고 해마다 해맞이 행사로 등산로를 정비한다고 한다.

완만한 능선길을 천천히 여유로운 시간으로

길손 하나 없는 정상에 고요한 적막이 흐르고 갑자기 휑한 겨울의 찬 공기가 나의 온몸을 휘어 감았다.

냉기가 몸속에 서려오고 추위가 엄습해 오자 자리에서 일어나 삼각점을 지나고 헬기장을 지나 출입금지라고 적혀있는 철조망을 따라 또 하나의 백운산을 향해 낙엽이 쌓인 능선에 걸음을 재촉한다. 군데군데 남아있는 잔설 위에 멧돼지 녀석 한바탕 놀다간 흔적이 몸을 움찔하게 만들고 갑자기 변덕을 부리는 날씨에 앙상한 나뭇가지가 윙윙 울어대며 몸부림을 치는 것이 예사롭지 않다.

완만한 능선길이 때로는 긴장과 지루함이 느껴지는 길도 숲과 무언의 대화를 하다보면 고즈넉한 정겨운 길로 이어기지도 한다. 천천히 여유로운 시간으로 걸어가는데 갑자기 불어오는 강한 바람에 놀라 낙엽은 뒹굴고 피부가 터진 뚱뚱하고 키가 큰 굴참나무가 기양지맥 백운산 630m라고 쓴 글자를 달고 있다. 대구에 있는 산이 좋아 산악회의 허현이라는 분이 길손을 위해 달아 놓은 모양이다. 예전에 삼방산이라 불렀던 모양인지 괄호 안에 삼방산이라고 쓰여 있다.

하산은 백운산(630m)에서 동쪽 능선으로 리본을 따라 내리막길을 내려왔다. 능선은 약간의 경사가 있는 내리막길과 부드러운 길을 번갈아 걷기가 아주 좋았다.

수북이 낙엽이 깔린 능선에 허현 님이 달아 놓은 리본이 길잡이를 해주어 묘2기가 나란히 있는 곳에서 서산마루에 걸쳐져 있는 해를 보며 송문마을회관을 보며 포장도로를 내려왔을 때 어느새 해가 지고 주위에 적막이 감돈다.

[2014. 1. 5.]

9. 용천지맥의 능선에 기장백운산

높이: 522m

위치: 부산광역시 기장군

산행코스: 창기마을 – 백양농원 – 백운산 – 망월산 – 매암산 – 당나귀봉 – 철마산 – 임기마을(소요시간: 4시간 소요/난이도: 중)

별미: 한우불고기, 기장붕장어, 미역다시마, 기장멸치 등

주변관광: 임랑해수욕장, 시랑대, 죽도, 장안사계곡 등

※ 가이드 팁: 부산광역시 기장군 철마면 백운산길
- 스마트폰 티맵에서 아시안교회(부산시 기장군 백운산로)로 하면 창기마을

용천지맥은 천성산에서 시작하여 부산 해운대 동백섬까지 이어지는 마루금을 말한다. 길이는 39.7㎞에 달하며, 이 지역의 배후 산지에서 남쪽으로 철마산과 북쪽으로 용천산 사이에 항상 흰구름 속에 잠겨있다 하여 부르는 백운산이 있다.

뜻이 있는 곳에 길이 있다

지도에 백운산이 가까운 곳인 양산시 동면에 위치한 영천초등학교 앞에 도착했다. 그곳에서 창기마을과 임기마을을 찾았지만 묻는 사람마다 이 지역 사람이 아니라 모르겠다고 하여 맥이 빠질대로 빠져 있는데 다행히 버스를 기다리고 계시던 한 분이 어디론가 전화를 하더니 창기마을을 안내해 주셨다.

어렵게 들머리를 찾아온 창기마을 버스정류장에서 낙원농원으로 가는 간판을 따라 갔다. 오른쪽에 아시안 교회를 끼고 조금 가다보니 등산

안내도와 트레킹 코스 지도가 나왔다.

지도를 보며 코스를 살펴보고 울창한 숲으로 하늘을 덮은 포장도로를 따라 약40여분 오르막길을 걸어 낙원농원 앞에 도착했다.

여기서부터는 부산광역시 기장 면에 속하며 농원에서 좌측으로 키 작은 교목사이로 어렵지 않게 백운산을 쉽게 오를 수 있었다.

초록이 짙어 절정을 이루는 산정은 이해 와 갈등이 교차해 가는 흐름이 발 뿌리에서 매달렸다.

여름의 뙤약볕은 특별한 조망이 없는 정상에 표지석은 용천산과 망월산으로 가는 등산로의 엇갈림에서 숨죽이며 소통과 어울림이 있는 삶의 현장에 사정없이 쏟아져 내린다. 망월산으로 가는 긴 등산로는 현란한 모습으로 세상의 명리를 뿌리치고 초야에 묻혀 있는 듯 만감이 교차되는 순간으로 다가온다.

봉우리마다 전설이 서려

누군가의 실수로 주어진 생명을 다하지 못하고 군데군데 새카맣게 타다 만 나무들이 발걸음을 무겁게 하다가 멈춘 곳이 망월산이다.

달이 유난히 맑고 밝아 보인다는 뜻으로 기장 8경 중 하나인 이곳에 일제 초기만 해도 망일암이라는 작은 암자가 있었다고 한다. 당시 암자의 법당 문을 열면 동해 수평선에서 붉은 해가 솟아오르는 광활한 일출을 볼 수 있었다고 하는데 지금은 흔적도 없지만 정상에서 정관면이 시원스럽게 조망되었다.

망월산을 지나 두루미가 둥지를 짓고 살았다하여 소 학대라 부르기도 하고 매 바우라고도 부르는 매암산(515.8m)에 도착했다. 매암은 우뚝 솟은 거대한 바위가 능선에 늘어선 봉우리 중 가장 아름다운 곳으로 알려진 만큼 아름다운 풍광은 시선을 멈추게 하며 쉬어가라 붙잡는다.

다시 발걸음을 재촉하여 부산광역시 전체를 조망하기에 가장 좋은 곳이라고 하는 당나귀봉(574m)에 도착하자 갑자기 희뿌연 안개 구름이 조망을 덮고 달아나는 변화무쌍한 날씨 탓에 주위를 볼 수 없어 아쉬움은 크지만 어느 것 하나도 놓치지 않으려고 사방을 살피며 철마산을 향해 부지런히 걸었다.

능선의 부드러움은 철마산 정상이 가까워져 오자 가파른 오르막으로 계단이 시작 되었다.

걸어온 길을 증명이라도 하듯 온 몸을 적신 땀방울에 다리는 천근만근 된비알이다.

산정에서 만난 사람들

걸음 하나에 들숨한번과 또 걸음 하나에 날숨 한 번으로 그동안 살아오면서 더럽혀진 마음을 땀으로 연내 뱉어내며 긴 산맥이 춤을 추다 멈춰진 철마산에 오르자 먼저 와 있던 산님이 반갑게 맞이해 준다.

"어서오이소 마 반갑네예."

"어머 그렇게 반가우십니까?"

"하이고! 반갑다 말다 예~."

입석마을에서 출발한 그분은 철마산까지 오는데 한 사람도 만나지 못해 정상에서 누군가 오기만을 기다리고 있었다고 한다. 사실 반가운 건 나도 마찬가지였다. 홀로 다니는 산길에 특히 정상에서 사람 못 만나면 제대로 된 인증 사진 한 장 남기지 못하고 하산하기가 일쑤기 때문이다. 희뿌연 안개는 마치 곡예를 하듯 골짜기를 빠져나갈 때 철마산에서 임기마을로 내려오자 산그늘이 차도를 덮고 있다.

육산의 후덕함을 실컷 맛보며 걸어온 길은 석양이 붉게 노을을 불태우고 둥지를 찾는 해를 보면서 빠르게 걸음을 옮겨 창기마을로 가는 버스에 몸을 싣자 입가에 스며든 작은 미소는 즐거움을 담은 것이라 하겠다.

[2013. 6. 3]

10. 백운계곡이 뛰어난 백운산

높이: 515m

위치: 경상남도 산청군

산행코스: 번덕마을 – 정상 – 지리산둘레길 – 번덕마을

(소요시간: 3시간/난이도: 중)

별미: 약초와 버섯, 족발 등

주변관광: 대원사, 황매산 철쭉, 구형왕릉, 경호강, 남명 조식 유적지 등

※ 가이드 팁: 주소–경남 산청군 단성면 백운리

지리산의 거대한 장벽에 부딪혀 사람들의 입김에 오르지 못하고 마을 뒷산으로만 자리매김하고 있는 산청백운산은 울창한 숲 사이로 원시림이 그대로 살아있는 백운계곡이 있다. 백운계곡은 해마다 여름철이면 산을 찾는 사람뿐 아니라 여행을 즐기는 사람, 휴가를 떠나는 모든 사람들로부터 인기를 독차지하고 있다.

홀로 가는 산길은 긴장과 두려움이 있지만

저 멀리 하늘에 뭉게구름이 층층으로 쌓이고 꽃샘추위가 3일째 연속 기승을 부리며 주변을 떨게 하지만 나는 겁 없이 집을 나서 진주~대전간 고속도로에서 단성IC를 빠져나와 지리산 중산리 방향으로 달렸다. 아름다운 덕천강을 끼고 가다가 덕문교에서 백운산이 있는 백운계곡 방향으로 들어가자 도로 한 가운데 큰 나무 한그루가 서 있다.

나무를 반쯤 돌아 왼쪽으로 들어가 덕촌리 번덕마을에 차를 세우고 마을을 안고 있는 산봉우리에 시선을 두고 선답자의 흔적을 따라 마을에서 오른쪽 길로 들어갔다.

태풍이 계곡을 휩쓸고 달아나 한창 공사 중인 계곡을 넘을 수 없어 포장도로를 따라 올라가다가 산으로 연결되는 길이 없어 결국 등산로를 개척해야 했다. 아직은 몸에 티 하나 없는 벌거벗은 나무들이 각도에 따라 다른 모습으로 다가오고 나뭇가지는 새싹이 아닌 마른 잎 그대로다.

마을로 뻗어 내린 줄기의 몸통을 밟으면서 옮겨지는 발길에 무언의 희망을 담았다.

빽빽히 들어선 소나무 숲 사이로 멧돼지가 지나간 흔적이 보이고 소스라치게 놀라 달아나는 꿩의 푸드륵 소리에 꽁꽁 가슴에 묶어두었던 사슬들이 하나씩 풀려나간다.

늘 홀로 가는 산길은 긴장과 두려움이 한꺼번에 들이닥치지만 싱싱한 초록빛으로 푸르게 치장한 산록에 마음은 차분해진다, 거친 숨을 헐떡이며 20여 분을 헤매고 올라선 능선에서 반겨주는 훈풍에 숨을 돌리자 나뭇가지에 매달린 '태극을 닮은 사람들' 이 달아놓은 리본을 보자. 혼자가 아니라는 생각이 마음을 지배하며 긴장을 풀어준다.

등산로는 계곡 오른쪽으로 가야 있는 게 확실했지만 공사 때문에 결국 등산로를 벗어나 이탈을 하여 생긴 긴장감이었다. 울창한 숲을 이고

자연의 생명 그대로의 모습을 담은 글이 뇌에 되새김질 하게 하는 노산 이은상 시인의 〈나무의 마음〉이 사뭇 생각나게 했다.

나무의 마음

노산 이은상

나무도 사람처럼 마음이 있소.
숨 쉬고 뜻도 있고 정도 있지요
만지고 쓸어주면 춤도 추지만
때리고 꺾으면 눈물 흘리죠.

초지를 밟으면 고뇌도 번뇌도 무쇠처럼 녹아 내린다

완만한 오르막길을 한참 오르자 울창한 수림속의 오솔길은 무한의 세계로 펼쳐지고 하늘과 맞닿은 듯한 넓은 공간에 헬기장이 나왔다.

헬기장 넓은 공간 한쪽 어귀에 소나무에 매달린 '백운산' 푯말이 잔잔한 바람에 흔들리며 교태를 부린다. 초지를 밟고 가슴을 펴 허공을 향하면 어떤 고뇌도 번뇌도 무쇠처럼 녹아 버린다는 말이 있다.

정상에서 휴식으로 얻은 자연의 향기는 응어리진 가슴속이 시원하게 풀어지면서 속세가 어딘지 까마득히 잊어버리게 한 침엽수와 활엽수들이 낙원의 숲에 깊숙이 들어가 무아의 세계를 발견 하듯 동서로 뻗어내려 산자락을 포근히 감싸 안고 있다.

숱한 세월 동안 지리산의 명성에 가려 사람들의 입김에 오르지 못하고 마을 뒷산으로만 자리매김하고 있는 515m의 백운산의 산정은 초라한 모습이지만 바람이 잠들어 고요하다. 정결하고 차분한 마음으로 휴식을 취하고 하산은 서쪽 방향으로 희미한 등산로를 따라 내려갔다.

풀이 무성하고 옷가지가 나뭇가지에 걸려 거칠기만 하는 산길에 수림은 세찬 바람으로 봄빛에 몸부림친다. 인적이 드문 산길이지만 먼저 다녀간 산님이 남기고 간 흔적에 불안한 마음을 위로 받으며 약 20여 분 숲길을 내려온 길은 집 몇 채가 띄엄띄엄 있는 마을 어귀에 도착했다.

마을은 지리산 둘레길 사리~운리 구간이다. 마을 깊숙이 이어지는 곳은 해마다 여름이면 많은 사람들로부터 인기를 독차지하고 있는 백운계

곡이다.

봄이 오는 길목에 잔설이 남아 쓸쓸함을 여미고 있는 백운계곡을 등지고 도로를 따라 번덕 마을로 돌아오는 길에 불청객의 발소리에 집집마다 개짓는 소리가 우렁차다. [2013. 3. 3]

11. 올망졸망 능선을 이어주고 있는 백운산

높이: 486m

위치: 경남 고성군

산행코스: 갈천저수지-폐가촌 주차 – 덕원사 – 학선대 – 학남산 – 백운산

(산행시간: 약2시간 /난이도: 하)

별미: 한우숯불갈비, 장어구이, 각종 자연산 회 등

주변관광: 병풍바위, 장산 숲, 상족암 군립공원, 연화산 도립공원 등

※ 가이드 팁: 주소–경남 고성군 대가면 갈천리 830번지(네비: 갈천 저수지)

지리산 영신봉에서 북쪽으로는 남강의 진주와 남쪽의 하동 · 사천사이로 이어지며 동쪽으로는 마산 · 창원 등지의 높고 낮은 산(300m~800m)으로 연결되어 김해의 분성산에서 끝이 나는 낙남정맥에 2개의 백운산이 편안한 숲길로 길손들을 반기고 있다. 특히 백운산(486m)은 서쪽으로 학남산, 남쪽으로 무량산, 북쪽으로 성지산이 이어져 있고, 정상은 웅장한 탑바위와 함께 고성읍을 굽어 볼 수 있는 전망바위로 되어있다.

제석천황의 기와 용의 기운이 있는 곳

늦을 만큼 여유를 부리고 차를 세운 곳은 대가면에 있는 갈천 서원을 지나 마을 앞 폐가 앞이다.

갈천서원은 고려 공민왕때 문하시중을 지낸 행촌 이암(1297~1364)을 모신 서원이다.

산행은 덕원사에서 시작한다.

덕원사는 대한불교선종으로 예로부터 신성한 학이 많이 살았다고 부르는 학남산 아래 위치하며 학의 정기는 민초의 혼이 숨 쉬는 무량산 동

서지맥을 잡고 송구산 백운산의 정기를 감싸 안은 곳이라 한다. 또한 임진왜란 때는 봉화가 울려졌던 곳으로 학남산 정기는 제석천황의 기운이요. 송구산 전편에 펼쳐있는 갈천저수지는 용의 기운이라고 한다. 등산로는 절 뒤편 대나무 숲을 지나 묘 오른쪽으로 올라가 작은 계곡을 건넌다.

이름 모를 묘2기를 지나면서 무성한 나뭇가지와 낙엽이 쌓여 등산로가 보이지 않지만 능선이 손에 잡힐 듯 거리가 짧아 어렵지 않게 능선에 오를 수 있다.

모든 것에는 흔적이 있듯 누군가 먼저 이 길을 걸어갔지만 능선에 남겨진 보폭은 같지 않았다. 이 세상 모든 것들이 자신의 의지로 되지 않는 것처럼 능선과 손을 잡고 20여 분 더 올라가 사방을 조망할 수 있는 곳에 앉아 인생의 흔적을 그리며 주위를 둘러봐도 인적은 없다. 뒤를 돌아보니 왔던 길이 새롭게 느껴지며 산길에 시리도록 수줍은 햇살이 나

뭇가지에 전설로 내려앉는다.

오지처럼 느껴지는 산줄기들

저수지를 넘어 진주로 뻗어가는 연화산줄기는 마치 오지처럼 느껴진다. 옷을 벗은 나무들과 부딪히며 다가온 차디찬 바람이 전해준 이야기를 전해 듣고 우뚝 솟은 큰 바위는 위용을 과시하고 있다. 바위에는 학남산이라는 글씨가 적혀있고 한문으로 학선대라고 오래전부터 음각되

어 있는 듯 했지만 특별한 유래는 알 수 없어 모습만 담는다.

호젓한 내리막길은 헬기장과 연결되고 그곳에서는 등산로가 선명하다. 소나무숲길을 지나고 철탑을 지나 무량산에서 넘어오는 낙남정맥을 만나 길에서 약 5~6분 벗어나는 길을 올라가 백운산(486m)에 마음을 앉혔다. 사방에서 올망졸망 작고 낮은 산들이 마음을 휘어잡는다.

산행을 한다는 것은 항상 즐거움의 수반이다. 더구나 스스로 좋아서 하는 산행, 그리고 정상에 올랐다는 뿌듯함과 가슴에 담는 추억이야말로 그 무엇과 바꿀 수 있단 말인가!

어둡기 전에 하산을

산줄기마다 땅거미가 지면서 서쪽 하늘에 빛의 잔영이 산을 넘어간다. 싸늘한 냉기가 어깨에 내려앉으며 하산을 재촉한다. 거리에 전등이 켜지기 전에 하산을 서둘러야 했다.

하산은 제일목장이 있는 송계리와 척정리를 잇

는 국도 1009번 도로에 있는 장전고개를 향해 탑 바위를 지나 내리막길을 내려오는데 떼죽나무가 많은 혹을 달고 고통스러워하는 모습이 안타깝기만 하다.

장전고개 유래는 근처 장밭 마을에 마당만한 밭이 많다고 하여 장전場田에서 장밭 마을이 되었으며 이 고개도 마을 이름을 따서 장밭고개 또

는 장전고개로 부른다.

장전고개 버스정류장에서 버스를 기다리는 동안 핸드폰 밧데리가 소모되어 주위와 모두 소통이 두절 되고 말았다. 한참동안 기다렸지만 버스는 오지 않고 지나가는 사람조차 없어 도로 옆에 있는 한림정공 경비실로 갔다.

마침 경비 아저씨가 문을 열고 나가시는걸 보고 "아저씨 지금 여기가 어디예요? 그리고 버스 시간표와 갈천 저수지로 가려면 얼마나 걸려요?" 다급한 목소리로 묻자 그곳에서 갈천 저수지까지는 6㎞가 넘는다고 한다.

"아저씨 죄송하지만 제가 핸드폰 밧데리가 다 되어 전화를 할 수 없어서 그러는데 택시를 좀 불러 주시면 안 될까요?" 하자 아저씨는 더 이상 묻지도 않고 오토바이를 꺼내와 갈천 저수지까지 직접 데려다 주셨다. 고맙다는 말 한마디 전해들은 아저씨는 오토바이를 타고 바람처럼 달아나 버렸다. 말없이 친절을 베풀어 주신 그분께 이 글을 통해 다시 한 번 감사드린다. 해가 서쪽 하늘에 자취를 감추고 아직 거리에 사람을 알아볼 수 있는 시간에 백운산 줄기에 달려있는 천비룡사를 들렀다.

고즈넉한 저녁을 맞이하고 있는 천비룡사는 조용하다. 그곳은 세계불교 초대법왕 일붕 큰스님 15주기 추모제와 2011년 남북통일 세계평화기원 대법회도 이곳 천비룡사에서 열린 걸 보니 석가모니를 모시는 일붕선교종파였다.

참고로 현재 '한국불교종단협의회' 에 등록된 종단 명은 27개나 되었다.

[2013. 2. 3.]

12. 무성한 숲에 숨어버린 백운산

높이 : 391m

위치: 경상남도 고성군

산행코스 : 부런이재 – 문고개 – 백운산정상 – 추계재 – 망림마을

별미: 한우숯불갈비, 장어구이, 각종 자연산 회 등

주변관광 : 병풍바위, 장산 숲, 상족암 군립공원, 연화산 도립공원 등

(소요시간: 3시간/난이도: 하)

※ 가이드 팁 : 주소–경상남도 고성군 상리면 고봉리 (광양–남해고속도로–사천IC로 출구이용 고성방향으로 약10분 진행하다가 영현면으로 가는 이정표가 나오면 좌회전 하여 2차선의 도로로 산을 넘어가는 고갯마루가 부런이재다.

(고성콜택시 055–672–1000 부런이재까지 23,000원)

★참고로 추계재에서 좌측 영현면 방향 임도를 따라 부런이재 방향으로 가면 원점산행이다.

무성한 풀숲 때문 지나치기 쉬운 산

올망졸망 낮은 산들로 이루어진 낙남정맥 길목에 있는 부런이재(해발 170m) 서쪽으로 이어지는 밋밋한 능선에 백운산이 있다. 여름이면 풀숲에 가려 그냥 지나치기 쉬운 산이다. 산행 초입은 부런이재(상리면에서 영현면으로 넘어가는 재)에서 산꾼들이 철조망에 주렁주렁 시그널을 달아 놓아 등산로를 쉽게 찾을 수 있다.

등산로는 약간의 오르막을 올라가 묘3구가 있는 250봉에서 오른쪽으로 내리막길을 내려가면 임도를 만나고 다시 오르막을 올라가서 문고개에 이른다.

문 고개는 영현면과 상리면을 넘나드는 중간 문이라고 하며 인근 고봉리 주민들은 '고시내미재' 라고 부른다고 한다.

여름이 익어가는 무성한 산길에 바람 한 점 없다. 지나가는 길손도 없는 산길에 나는 홀로 가는 고독의 방랑자다. 문 고개에서 갑자기 '무쇠

처럼 나가리' 란 생각이 뇌리에 스쳤다. 몇 년 전 홀로 가는 지리산 종주길에서 어떤 어려움에도 꿋꿋하게 버티며 무쇠처럼 길을 걷겠다고 다짐했던 각오다. 정맥길에서 느끼는 것이 늘 그러하듯이 능선은 해발과는 상관없이 고도가 200m안에서 오르락내리락거리며 깊은 오지산행을 하고 있는 듯한 착각이 들 정도로 거칠고 험난한 길이 많다.

나뭇가지 사이에 오가며 겹겹이 쳐놓은 거미줄을 걷어내며 특색 없는 야트막한 등산로를 1시간이 넘게 걷다가 지금까지 흘린 땀만큼 물을 마시고 시원한 바람을 가슴에 안

자 어디선가 들려오는 홀딱 벗고 새(검은 등 뻐꾸기)의 슬픈 사연을 듣다 보니 첩첩산골에 옛사람들의 생활사가 눈에 선하게 그려진다.

무쇠처럼 걷는 길에 내어준 정상

나무들이 아우성치듯 작은 잎새 들 사이로 강렬한 태양의 무게는 6월의 숲에 걸음을 멈추게 했다. 초록이 짙어 자칫 잘못하면 그냥 지나 칠 뻔한 산로에 바람이 잎새들을 살랑거리자 그 흔들림의 고개짓은 나무에 묶인 푯말 하나가 숨을 죽이며 모습을 드러냈다. 떨리는 마음을 가라앉히고 가까이 가자 나무에 매달린 푯말은 391m의 백운산이라고 환하게 미소짓자 한적한 산길에 정맥길을 걷는 팀들이 떼를 지어 지나간다.

지난여름 이곳을 찾았을 때 찾지 못하고 돌아갔던 아쉬움을 송두리째 보상받은 듯 기쁘다. 갑자기 눈앞에 느닷없이 캐서린이 다가서며 '빗속에서 내가 죽어가는 모습이 보인다.' 고 하며 두려움에 몸을 움츠리는 모습이 뇌리에 스친다. 조용한 숲속에 아득한 옛적부터 여름이 다가오면 아침부터 저녁까지 온종일 가슴 한 켠에 메아리치듯 들려오는 홀딱 벗고새가 목이 터져라 울어댄다.

홀딱벗고, 홀딱벗고 마음을 가다듬고 아상도 던져버리고
홀딱벗고, 홀딱벗고 욕심도 성냄도 어리석음도 망상도 지워버리고
홀딱벗고, 홀딱벗고 열심히 공부하면서 정신 차려라
홀딱벗고 홀딱벗고 반드시 성불해야해 나처럼 되지 말고
홀딱벗고 홀딱 벗고 홀딱 벗고…….

홀딱벗고 홀딱벗고 당당하게 살아라. 꿋꿋하게 살아라
홀딱벗고 홀딱벗고 정당하게 살아라 용기있게 살아라
홀딱벗고 홀딱벗고 힘내라~도전하라~

하산은 잘 익은 산딸기의 유혹을 뿌리치고 추계재를 지나 배곡고개에서 서산마루에 걸쳐 있는 해를 보며 상리면 방향으로 내려왔다.

상리면 망림 마을 정자에 올라가 두 다리 쭉 펴고 앉으니 어느새 백운산으로 이어지는 능선은 하늘 금을 그으며 석양빛을 이고 있다.

[2013. 06. 02]

제 4 부

서울&경기도

Seoul

Gyeonggi-do

1. 암릉으로 우뚝 솟은 양평 용문산 **백운봉**
2. 사계절 모두 독특한 비경을 가진 **포천백운산**
3. 수도권 시민의 쉼터 서울북한산 **백운대**
4. 설경이 빼어난 **수원백운산**
5. 일몰과 야경이 아름다운 **영종도백운산**
6. 울창한 숲으로 쌓인 **안성백운산**

1. 암릉으로 우뚝 솟은 양평 용문산 백운봉

높이: 940m

위치: 경기도 양평군

산행코스: 연수리 – 백운봉 – 장군봉 – 용문산 – 용문사(소요시간: 6시간/난이도: 상)

별미: 막국수, 곤드레 돌솥밥 등

주변관광: 두물머리, 세미원, 쉬자파크 등

※ 가이드 팁: 경기도 양평군 양평읍 연수리

(네비게이션)경기도 양평군 연수리 선운사

예로부터 경기의 금강산이라 불리어질 만큼 기암괴석과 고산 준령을 고루 갖추고 경관이 뛰어난 용문산(1,157m)의 남쪽 능선 끝에 가장 높은 봉우리가 백운봉이다. 백운봉 아래에는 연수리 계곡이 있으며 정상을 앞두고 급경사가 많은 곳으로 위험하여 조심스럽게 올라야 한다.

여름이 기승을 부리고 있는 8월, 딸아이와 어둠이 짙게 깔린 大地위를 쉼 없이 달렸다. 하지만 남한강과 북한강이 합류되는 곳에서 피서객들로 인해 도로는 마치 주차장을 방불케 할 정도로 차는 움직이지 않았다.

한낮의 기온이 아스팔트를 녹이기라도 할 것처럼 이글거리고 자동차 안의 열기는 빠져나갈 길 없이 불쾌지수가 높아만 갔다. 기다리는 것도 여행의 일부라 생각하며 광양에서 양평까지 평소 두배나 걸린 9시간이나 걸려 점심때를 넘기고 오후 1시, 선운사 입구에 도착했다.

산행은 연수리 계곡에서 백운암–백운봉–함왕봉–장군봉–용문산–용문사 코스를 선택한 후 딸아이와 하산지점에서 만날 것을 약속하고 바람 한 점 없는 팍팍한 포장도로를 따라 타박타박 걸어 백운암

으로 향했다.

산이 높고 코스가 길어 산행을 하기에 조금은 늦은 듯 하여 걸음을 바쁘게 움직였지만 도로에는 차단기가 내려져 길을 막고 '여기는 개인 사유지라 출입금지' 란 간판이 붙어 있었다.

길을 찾느라 두리번거리자 "등산가시는 거예요?" 하는 소리가 들렸다. 소리가 들리는 쪽을 돌아보자 승용차 한대가 지나가다가 "그곳은 등산로가 없어요. 차단기 안쪽으로 들어가 보세요." 한다. 고맙다는 말도 채 하기 전에 차는 지나가고 나는 차 뒤꽁무니에 대고 고개를 끄덕거리며 차단기 안쪽으로 들

어가 도로를 따라 걸었다.

등산로는 백운암 입구 철조망 옆으로 이정표가 있었다. 먼저 백운암을 둘러보고 등산로로 접어들었다. 등산로는 이슬인지 빗물인지 풀잎마다 물기가 서려있고 온몸을 적시는 땀방울은 첫걸음부터 등줄기를 타고 흘러내린다.

형제우물은 생명수나 마찬가지

우리나라 산림은 어디가든 참나무 종류가 많다. 이곳도 예외는 아니다.

굴참나무, 갈참나무, 졸참나무가 등산로 주변에 산재되어 있었고 옛날 이곳에 숯을 만들었던 안내판과 숯 가마터도 있다.

숯 가마터 앞에 백운봉이 2.2㎞ 남았다는 안내판에 등산로는 서서히 고도를 높이면서 폭염에 기력을 잃게 했다. 온통 돌길로 축축한 산길은 미끄럽기 그지없어 그야말로 된비알이다.

혼신을 다하여 한참을 오르자 커다란 바위가 길을 막았다. 바위틈에 쫄쫄쫄 물방울 떨어지는 소리가 들리는 곳으로 가자 그곳에는 '형제우물'이라고 적혀있다. 어찌나 목이 타

던지 벌컥벌컥 숨도 쉬지 않고 두 사발을 마시자 정신이 들었다. 형제우물은 생명수나 마찬가지였다.

빈병에 물을 채우고 다시 생기를 얻어 끝없이 하늘과 맞닿은 계단을 오르자 백운봉이다.

봉우리가 마치 알프스의 마테호른을 닮았다하여 경기도의 마테호른이라 부르는 백운봉은 사방팔방으로 터지는 경치가 장관이다. 그곳에는 백두산 천지에서 가져온 흙과 암석으로 통일을 기원하는 마음으로 만들었다는 표지석도 있다.

북쪽 끄트머리에서 용문산이 아련히 손짓한다. 다시 배낭을 메고 멀고 먼 능선, 가도 가도 끝이 없는 구절양장(양의 창자처럼 이리저리 꼬부라지고 험한 길)길을 걸었다.

포기란 없다

함왕봉(889m)을 지나 장군봉(1,065m)에 도착하니 오후 4시다. 장군봉은 한때 용문산 정상에 군부대가 있어 출입을 금지 해 왔을 때 정상 역

할을 해 왔던 곳이다, 용문산 정상이 일반인에게는 2007년 12월부터 개방하였다. 정상을 거쳐 용문사로 가려면 시간이 빠듯할 것 같아 잠시 망설이다가 딸아이에게 전화를 걸었다.

"예쁜 딸 엄마가 지금 장군봉인데 용문산 정상으로 해서 하산하려면 2시간 이상 걸릴 것 같은데 어쩌지?"

"네 엄마 조금 늦더라도 다녀오세요. 기다릴께요."

딸아이는 나의 욕심을 알아차리기라도 한 듯 배려를 해 주었다.

바쁜 걸음으로 산자락을 돌아 약 1시간이 걸려 용문산 정상에 닿았다.

용문산(1,157m)은 경기도에서 화악산(1,468m), 명지산(1,253m), 국망봉(1,167m)에 이어 4번째로 높은 산이다. 전설에 의하면 미지산으로 부르다가 조선을 개국한 이성계가 등극하면서 '용문산' 이라 바꿔 부르게 되었다고 한다. 남북으로 뻗은 산마루에 초원을 타고 불어오는 바람이 땀방울을 식혀주고, 멀리 백운봉이 암릉 끝에 우뚝 솟아 있는 게 제법 포스가 느껴진다.

사랑이 달콤하기 위해서는 많은 노력이 필요하듯이 산정에서 느끼는 상쾌하고 후련한 행복은 마치 힘들었던 여정을 보상받기라도 하듯 뿌듯하다. 돌아갈 수 없는 시간이지만 다시 돌아올 수 없는 시간이기에 인생은 나그네 길이라 했던가!

하늘이 한바탕 변덕을 부릴 모양이다. 시커먼 구름이 햇빛을 가리고 산은 점점 파스텔톤 색으로 변한다. 몸이 쉽사리 따라 주지 않아 하산은 코스가 가장 짧은 마당바위를 지나 용문사로 걸음을 재촉했다.

용문산은 각자의 체력에 맞추어 코스를 선택할 수 있다는 것이 장점이다. 내려오는 길에 문득 오래전 남편과 이곳에 왔던 기억이 생각났다. 하필 그 때, 장대같은 비가 퍼부어 쏟아지는 계곡물 때문에 등산로인지 계곡인지 분간할 수 없어 더 이상 산행을 진행 할 수 없었고, 물에 흠뻑 젖은 몸뚱아리는 어느 작고 좁은 여관방에서 간신히 옷을 말리고 되돌아갔던 추억이 미소를 짓게 한다.

천년이 살아 숨 쉬는 용문사 은행나무

산행을 마치자 용문사 은행나무 앞에서 기다리던 딸아이가 배고프다며 응석한다. 하룻동안 긴장과 두려움은 사라지고 평안의 여유로 춘천의 여름 밤 을 익히며…….(2014. 8. 15.)

용문사는 신라 진덕여왕 3년(649)에 원효대사가 세웠다고 한다. 따라서 은행나무는 절을 세운 다음 중국을 왕래하던 스님이 가져다가 심은 것으로 보고 있다. 신라의 마지막 임금인 경순왕의 아들 마의태자麻衣太子가 나라를 잃은 설움을 안고 금강산으로 가다가 심었다는 설과, 의상대사가 짚고 다니던 지팡이를 꽂고 갔는데 그것이 자랐다는 설도 전해지고 있다.

이 나무는 은행나무 중에서는 물론이고 우리나라에서 자라는 나무 중에서도 가장 큰 나무로서 동양 최대의 은행나무이다.

조선 세종 때 당상직첩堂上職牒벼슬이 내려졌으며, 마을에서는 굉장히 신령시하여 여러 가지 전설이 전해지고 있다.

옛날 이 나무를 베고자 톱을 대자 톱자리에서 피가 나오고 맑던 하늘이 흐려지면서 천둥이 쳤기 때문에 중지하였다는 이야기와 정미의병이 일어났을 때 일본군이 절을 불살라버렸으나 나무만은 타지 않았다는 흥미진진한 이야기가 전해진다. 또한 고종이 죽었을 때 커다란 가지 한 개가 부러졌고, 8 · 15광복, 6 · 25사변, 4 · 19, 5 · 16 때에도 이상한 소리가 났다고 하며 이렇게 나라에 큰 변이 생길 때마다 큰 소리를 낸다는 이야기가 전해진다.

이 나무는 천연기념물 제30호로 높이 62m, 가슴높이의 줄기둘레 14m로 수령은 1,100으로 추정된다. 가지는 동서로 28.1m, 남북으로 28.4m 정도 퍼져 있다. 나무의 나이를 추정하는 근거는 용문사의 창건연대와 관련하여 산출하고 있다.

2. 사계절 독특한 비경을 가진 백운산

높이: 904m

위치: 경기도 포천시, 강원도 화천군

산행코스: 흥룡사 – 백운산정상 – 삼각봉 – 도마치봉 – 백운산(흥룡봉) – 흥룡사
(산행시간: 4시간/난이도: 상) – 일반적으로 6시간 소요 예상된다.

별미: 포천 이동갈비, 이동막걸리 등

주변관광: 산정호수, 허브아일랜드, 국립수목원 등

※ **가이드 팁**: 경기도 포천시 이동면 포화로
(네비: 경기도 포천시 '흥룡사')

경기도와 강원도의 마루금을 넘나드는 크고 작은 산줄기가 어우러져 고산준령을 이루는 백운산은 기암괴석과 깊은 계곡에서 흐르는 옥수玉水가 어우러져 취선대등 절경이 사계절 모두 독특한 비경을 이루고 있다.

산세도 아기자기하며 겨울철 설경도 뛰어나 산악인들에게 인기를 독차지하고 있다. 또한 수려한 백운계곡은 여름철이면 피서 인파로 북새통을 이루고 백운계곡과 광덕고개에 이르는 길은 주변 경관이 아름다워 드라이브 코스로도 각광받고 있다. 파라솔, 그늘 막, 캠프장 등의 편의시설이 있고 주변에는 국망봉, 산정호수, 광덕산 등의 관광지가 있어 함께 둘러보면 좋다. 또한 먹을거리로는 백운계곡을 따라 줄지어선 갈비촌이 있다.

[한국관광공사 발췌]

걸음 하나에 계단 하나 그야말로 여름철 산행이었다.

산행은 흥룡사를 둘러보고 시작했다. 흥룡사興龍寺는 대한불교 조계종 제25구의 본사인 봉선사의 말사로 신라 말기에 도선이 창건하였다고 한다. 재미있는 이야기는 도선이 절터를 정하기 위해 나무로 깎아 만든 세

마리의 새를 날려 보냈는데, 그 중 한 마리가 지금의 백운산 흥룡사 터에 앉아 절을 세웠다는 이야기가 재미있다.

흥룡사에서 오른쪽 넓은 길을 따라 백운1교와 2교를 건너자 왼쪽에 이정표가 있는 곳에서 백운산으로 곧장 올라가는 좌측코스를 선택했다.

녹음이 짙은 울창한 숲에 매미 소리가 귀청을 뚫고 바람은 어디서 쉬고 있는지 바람 한 점 없다. 나뭇가지가 하늘을 덮어 햇살을 가려주긴 하지만 완만한 등산로는 가파른 오르막길로 이어지면서 더위 앞에서 거친 숨소리로 헐떡거렸다. 끝없이 하늘로 매달아 놓은 안전로프는 보기만 해도 힘을 빼게 하고 여름 산행의 어려움을 실감케 하면서 걸음 하나에 계단 하나,

또 걸음 하나에 계단 하나가 고도를 높이면서 된비알이다.

머릿속을 타고 얼굴을 씻어 발끝까지 흐르는 땀에 옷이 흠뻑 젖었다. 거친 숨소리와 가빠지는 호흡으로 올라선 능선은 긴 골과 마주쳤다. 계곡 너머 푸른 산줄기가 깊은 골짜기로 빠지면서 시야에 잡히는 조망에 빼근했던 장단지가 풀렸다. 실같이 가느다란 바람이 몸속으로 파고 들어와 잠시 머무른 숨에 기진맥진할 정도의 피로가 몰려오지만 가야 할 길이 멀어 다시 넘어질 듯 한 몸을 일으켜 걷는 길에 거친 숨소리가 온 산에 울러 퍼졌다.

인고의 뿌리는 희망의 끈으로 나를 일으키고

바위를 오르고 잡목 숲을 지날 때 간혹 인고의 뿌리가 숨소리를 들으며 삶의 고통을 일깨워 주고 희망의 끈으로 나를 일으켜 세워준다. 땀에 젖고 더위에 시달리며 힘들게 정상에 닿자 푸른 하늘에 뭉게구름이 손 흔들며 지나간다.

대부분 산악회에서는 광덕재에서 출발하는 코스를 많이 이용하는데 광덕재는 일명 캐러멜고개라고 한다. 거기에는 2가지 이유가 있다. 하나는 6 · 25전쟁 때 이 고개를 감찰하던 사단장이 운전병의 졸음을 쫓기 위해 캐러멜을 운전병에게 주었다는 데서 나온 이야기이며, 다른 하나는 광덕재의 꾸불꾸불한 언덕이 카멜(camel:낙타)의 등같이 생겼다고 한 것이 캐러멜로 바뀌어 부른다는 이야기다.

정상은 숱한 소용돌이 속에 오늘을 이어온 부드러운 능선 끝에 널따란 평지로 되어 있다.

뭇 산님들의 삼삼오오 짝을 지어 점심을 즐기는 모습이 정겹다. 그들 틈에 끼어 한쪽 구석진 곳에 앉아 소주 한 잔 곁들이는 식사는 산행에 받은 피로가 한순간에 사라지고 초록의 신비로운 색채를 밟으며 삼각봉에 도착했다.

삼각봉의 유래는 찾아 볼 수 없어 아쉽지만 능선길을 줄달음쳐 도마

치봉에 닿았다.

도마치봉道馬峙峰은 태봉의 궁예가 명성산 전투에서 왕건과 싸우다 패해 도망할 때 이 근처를 지나가다가 산길이 너무 험해 모두 말에서 내려 걸어서 넘었다고 해서 도마치봉이라 부른다고 한다.

아찔한 화강암 바위가 산행의 묘미를 더해주고

연방 땀방울이 얼굴을 가리며 오는 갈증을 풀고 발길을 흥룡봉으로 틀었다.

흥룡봉으로 가는 능선은 곳곳에 화강암 바위를 깎아 세운 듯한 낭떠러지가 아찔하면서도 산행의 묘미를 더해주지만 여기저기 너럭바위와

그 곁에 늘어선 늙은 소나무 사이로 산길은 사람마다 걷는 속도가 다르지만 멀고도 험했다.

군데군데 눈에 띄는 반공호는 6 · 25전쟁이 끝나고 1951년 이후 국군 6사단과 중공군 군단이 맞서 싸운 흔적이며, 휴전 후인 1960~1970년대에는 북한 간첩들의 주요 침투 루트였다고 한다.

흥룡봉은 아슬아슬한 산정 위에 벌거벗은 여인상으로 서 있는 고사목에 푯말이 달려 있다.

발걸음을 멈추고 뒤를 돌아보니 백운산에서 도마치봉으로 이어지는 능선이 편안하게 다가왔다.

그 속에 감춰진 속살을 생각하면 다시 오르고 싶은 마음은 없다. 하산은 급경사 길을 내리치다 닿은 쉼터에서 숨을 돌리는 시간을 가지고 곳곳에 폭포와 담소가 있는 청정계곡을 따라 흥룡사로 돌아왔다.

(2015. 8. 16.)

3. 수도권 시민의 쉼터 백운대

높이: 837m

위치: 서울특별시, 경기도 고양시

산행코스: 도선사 – 용문암 – 위문 – 백운대 – 우이동 계곡

(산행시간: 5시간/난이도: 상)

별미: 양 곱창, 이태리음식, 천연효모 베이커리 등.

주변관광: 국립 4.19민주묘지, 북서울 꿈의 숲, 우의동 및 정릉 유원지 등

※ 가이드 팁: 서울 시내 어느 곳이든 시내버스와 지하철이 수시로 다니기 때문에 지도만 보고도 산행 깃점을 찾아 갈 수 있다는데 이 산의 장점이다.

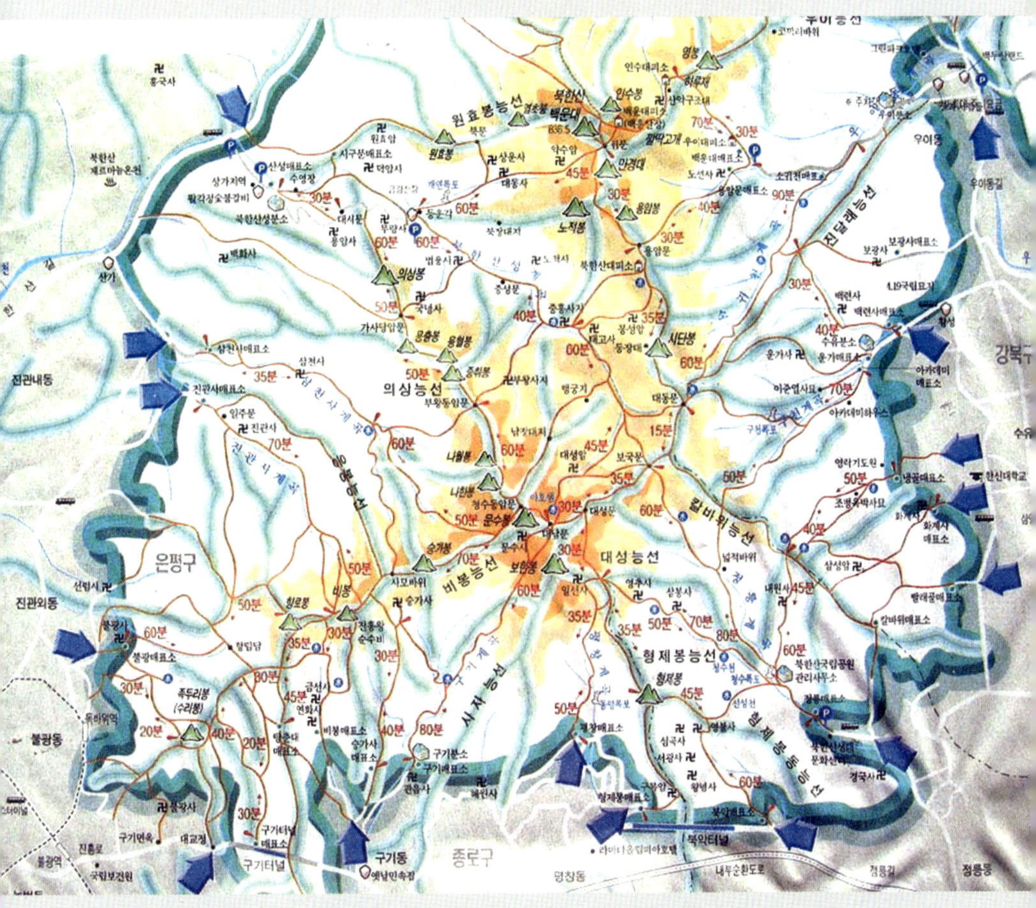

북한산은 주봉 백운대를 중심으로 동북쪽의 인수봉(해발 803m)과, 동남쪽의 만경대(해발 800m)가 삼각을 이루고 있어 삼각산이라고도 부른다. 산 모양이 웅장하고 아름다워 예로부터 서울의 진산으로 귀중하게 여겨져 왔으며, 특히 조선 시대에는 금강산 · 묘향산 · 지리산 · 백두산과 함께 우리나라 5대 명산으로 지정되어 나라에서 큰 제사를 지내던 산이기도 하다.

전설에 의하면 고구려의 시조 주몽의 둘째 아들인 비류와 셋째 아들인 온조가 이 산에 올라 장차 터를 잡고 살 곳을 둘러보았다고 한다. 무학 대사는 조선 태조 이성계를 위하여 도읍지를 정할 때, 백운대에서 만경대를 거쳐 비봉까지 갔었다고 전해진다. 비봉은 이 산의 남서쪽에 있는 해발 560m의 산봉우리이다. 국보 제3호로 지정된 북한산 신라 진흥왕 순수비가 이 봉우리에서 발견되어 이름을 비봉이라고 한다. 북한산성은 1711년에 쌓았으며 길이 8㎞가 넘는다고 한다. 이 성에는 원래 14곳에 성문이 있었다고 전하나 지금은 대서문을 비롯한 대남문 · 대성문 · 보국문 · 대동문 · 용암문 등이 남아 있다.

특히, 서울 시내에서 산 입구까지의 교통이 편리하여 서울 시민의 1일 등산 코스로 많이 이용되고 있다. 등산로는 대개 경사가 완만한 동쪽의 우이동 · 정릉 · 세검정 등지에서 올라가 서쪽의 구파발 · 북한산성 입구 쪽 등으로 내려온다. 백운대 · 인수봉 등은 암벽 등반 훈련장으로도 이용된다. 이 산은 서울에 가까이 있으면서 경치가 아름다워 1983년에 근처의 도봉산 일대와 함께 북한산 국립공원으로 지정되었다.

[다음백과 출처]

살랑살랑 불어오는 바람에 실려온 봄의 향기 맡으며 걷다

고요 속에 잠들어 있는 대지는 새벽의 차가운 공기를 은밀하게 도선사 주차장에 내려놓았다. 도선사는 대한불교조계종 직할교구 본사인 조계사曹溪寺의 말사이다. 862년(경문왕2) 도선道詵이 이곳의 산세가 1,000년 뒤의 말법시대末法時代에 불법을 다시 일으킬 곳이라고 예견하고 절을 창건한 뒤, 큰 암석을 손으로 갈라서 마애관음보살상을 조각하였다고 한다. 그 뒤 조선 후기까지의 중건 · 중수에 관한 기록은 전하지 않으나 북한산성을 쌓을 때는 승병들이 이 절에서 보초를 서기도 하였다고 한다.

산행은 도선사를 출발하여 용암문으로 올라갔다.

봄의 향기가 살랑살랑 부는 바람에 나무그릇은 파방파방 꽃봉오리 터트리고 가녀린 진달래꽃잎이 발그스레 수줍은 얼굴로 모습을 드러내며 등산객을 맞이한다.

용암문은 일반 성문과 달리 은밀한 곳에 만들어 전쟁 때 비밀통로로 사용하였다고 한다.

용암문을 지나자 사방에서 우뚝 솟은 암봉들이 모습을 드러낸다. 임진왜란 당시 산성 내에 군량미가 떨어져 고심하던 중 가마니를 덮어 군

량미인 것처럼 속여 위기를 넘겼다고 하는 노적봉의 우람찬 모습이 잠시 넋을 잃게 하지만 정신을 차려 위문에 도착했다.

산위에 산, 봉우리위에 봉우리가 겹겹이 쌓인 아래 봄의 왈츠에 메마른 목을 축이기 위해 수통에서 물을 꺼내 마시고 자칫 잘못하면 천길 벼랑 낭떠러지로 떨어질 듯 보기만 해도 아슬아슬한 암릉길에 발을 올렸다. 차가운 철봉을 잡고 쇠줄에 매달려 한발 한발 계단을 올라 설 때마다 펼쳐지는 조망에 가쁜 숨소리를 죽이며 감탄사를 연발 뿜어낸다.

험난한 바위 길은 긴장 속에서도 스릴을 느끼며 엉금엉금 기어 백운대로 오르게 하고 숨을 멈춘다.

산정에서 바라보는 풍광에 희열을 느끼며

백운대는 그동안 손가락 열 개가 모자랄 만큼 올랐지만 올 때마다 산

정에서 바라보는 풍광에 가슴이 뿌듯하며 희열을 느끼는 곳이다. 오늘도 견고한 화강암이 여기저기서 섬세하고 예리한 장군처럼 위세가 당당한 모습으로 다가온다. 천리 길을 마다 않고 밤새워 달려와 이곳에서 보는 장엄한 모습의 황홀경에 빠져드는 희열이야말로 여기 온 자만이 알 수 있는 진리일 것이다.

백운대는 예전에 외적의 침입으로 병사들이 망을 보았던 장소라고 한다. 주위에 온통 기암절벽의 조화가 신비롭기만 하다. 사철 어느 때 찾아와도 아름다움이 극치를 이루는 북한산! 갑자기 하늘이 심술이라도 난 듯 금방이라도 빗줄기를 뿌려버릴 듯 희뿌연 안개로 시야를 흐려놓는다. 한바탕 구름이 심술을 부려놓고 간 자리에 인수봉에 주렁주렁 매달려 있는 작은 사람들에게 눈길을 뺏긴다.

산 형태가 마치 어린아이를 업은 듯하여 부아산負兒山, 또는 부아악負兒岳이라고 부르는 이곳에 비류와 온조가 '부아악'에 올라 살만한 곳을 찾았다는 기록이 전해진 걸로 보아 이들이 바로 이곳 북한산의 최초 등반자라는 생각이 든다. 요즘은 전문 산악인들의 암벽등반교정으로 인기가 높다. 손끝이 저려오는 듯 바위를 조심스럽게 내려와 누구든지 숨이 차 깔딱거린다는 깔딱고개를 패스시키고 영봉으로 갔다. 영봉에서 보는 북한산의 모습은 어느 봉우리 하나 빼 놓을 수 없는 지금까지 봐 왔던 모습과는 또 다른 모습이다.

구름이 밀려난 자리에 기암괴석과 절벽으로 반사된 햇살의 빛에 동서남북으로 펼쳐진 산줄기 넘어 아련히 서울 시내가 속속 시야에 들어온다.

하산은 계획했던 대로 도선사가 있는 우이동 계곡으로 한다. 우이동이란 백운대와 인수봉이 소의 귀[牛耳]와 같다고 하여 붙여진 이름이다.

거대한 암봉들이 향연을 이루고 동 · 서 · 남 · 북 어느 쪽에서 봐도 풍광이 아름다운 북한산이야말로 명산 중의 명산이다. 도심에 하늘 금을 그은 하루재를 타고 내려와 도선사에 도착했다.

도선사는 신라 경문왕2년(862) 도선 국사가 창건하였다고 하며 30년

전 청담스님이 호국불교를 일으키면서 사세가 커지기 시한 절이다. 기이한 바위로 온갖 모습을 다 갖춘 북한산의 매력 덩어리를 가슴에 안고 내일의 희망을 담아 광양으로 가는 길이 멀고도 멀지만 발걸음은 가볍기만 하다.

(2014. 4. 12.)

4. 설경이 빼어난 수원 백운산

높이: 567m

위치: 경기도 수원시, 용인시

산행코스: 광교저수지 – 형제봉 – 토끼재 – 광교산(시루봉) – 노루목 – 백운산 – 통신대 헬기장 – 광교저수지(산행시간: 약4시간소요/난이도: 하)

별미: 수원갈비, 수원 통닭, 수원순대 등

주변관광: 수원화성, 일왕저수지, 민속촌, 서호(축만제) 등

※ 가이드 팁: 경기도 수원시 광교산저수지(수원시내버스 13번 종점)
(참고로 산행코스는 각자의 체력에 맞추어 다양한 등산로가 조성되어 있으며 산 입구에는 등산객들이 즐겨 찾는 먹거리도 다양하다.)

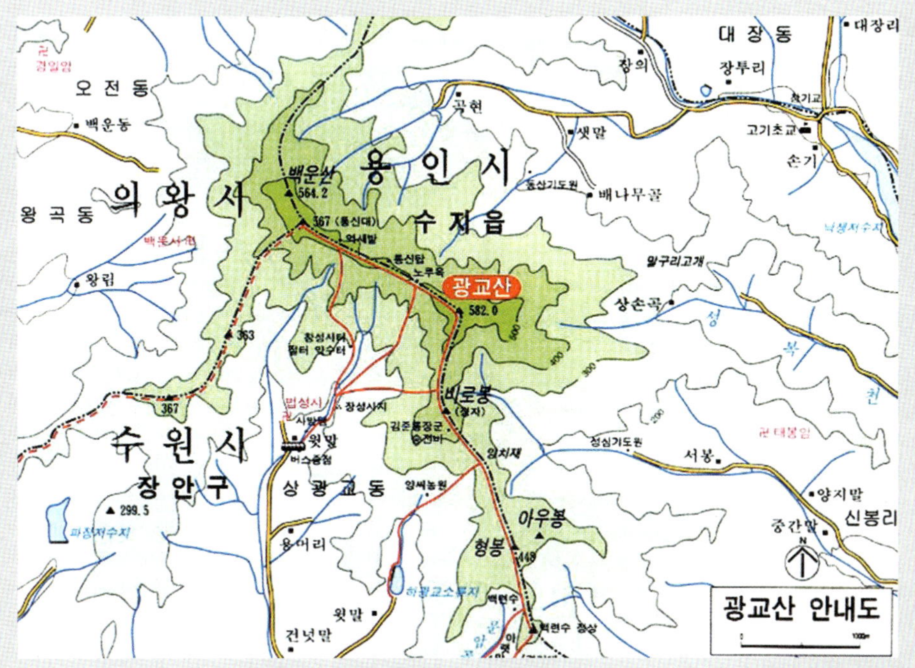

이곳 백운산白雲山은 경기도 수원시 장안구와 용인시 수지구에 걸쳐있는 산으로 광교산(光敎山-582m)과 바라산(428m), 우담산(425m), 청계산(618m)으로 이어주면서 수원과 용인을 아우르는 산이다. 도심 근교에 있어 수원시민 뿐 아니라 이곳을 찾는 산꾼들뿐만 아니라 일반인들에게도 당일 산행으로 인기를 누리고 있는 산이다. 주위에 큰 산이 없고 수원시 광교산과 어깨를 나란히 하고 있으며 사방으로 수목이 우거져 능선이 매우 완만하면서도 초보자도 쉽게 오를 수 있다는 점이 가장 큰 장점이다.

사방으로 수목이 우거진 산길

산행코스는 다양하게 많지만 나는 경기대학교 근처 광교저수지 주차장에서 산행을 시작했다.

아침부터 쏟아지던 비가 다행히 그쳤다. 계단을 올라서자 완만한 등산로 양변에 하늘을 향해 쭉쭉 뻗은 소나무 잎에 달려있던 물방울이 짙

은 녹음으로 애잔한 바람에 가느다란 빗줄기 되어 나부낀다. 등산로에는 배낭을 멘 사람들이 잔잔한 동요를 일으키며 산길을 오고간다.

광교산 일대는 지난 1950년대 초 국군1사단과 미25사단, 터키여단 1개 대대가 전투를 벌였던 곳이다. 이에 따라 육군 제51보병사단은 지난 2009년 7월부터 2010년 6월까지 유해 발굴 사업을 통해 국군 전사자 유해 5구, 사진 및 수첩 등 유품 111점을 발굴해 국립현충원에 모시고 경기도와 수원시 보병 제51사단은 그 뜻을 기리기 위해 형제봉에 평화의 쉼터를 마련했다. 형제봉 오르는 길은 가파른 오르막이다. 시커먼 구름이 하늘을 덮치고 바람에 나부끼어 가느다란 빗줄기는 결국 폭우를 토해냈다. 나

는 우산을 펴고 걸음을 재촉해 보지만 형제봉에서 시루봉으로 가는 목재계단에서 힘이 빠졌다. 하지만 간간히 밟는 흙길은 힘든 산행 길을 보상이라도 받는 듯하다. 길을 걸으면서 문득 이 산이 지역시민들로부터 사랑받는 이유가 인공적인 면을 최소화해 자연을 충분히 느끼면서 산행과 힐링을 즐길 수 있기 때문일 거라는 생각이 들었다. 많은 사람들 틈에 끼여 혼자가 아닌 홀로의 길을 걸으며 머릿속에 엉켜있던 생각들을 풀면서 광교산 정상에 도착했다.

왕건이 지어준 보배로운 산

광교산은 원래 이름이 광악산이었으나 태조 왕건이 후백제의 잔존세력을 정복시키고 어두운 밤에 송악으로 돌아가던 중 이 산에서 광채가 솟아올라 길을 인내해 주었다는 데서 왕건이 광덕산으로 명명했다고 하며 백운산과 함께 겨울철에 눈이 쌓이면 아름다움은 극치를 넘어 수원8경 중 제1경으로 꼽힌다. 또한, 수원 하천의 근원지이자 시민의 젖줄이라고 할 수 있는 보배로운 산으로 북쪽에서 오는 찬바람을 막아주며 시가지를 품에 안고 있는 수원의 주산이다.

정상에 도착했을 때는 이미 짙은 안개가 정상을 삼켜버려서 주위를 조망할 수 없었다. 한바탕 퍼부은 빗줄기 사이로 피어나는 뭉게구름은 산허리를 감돌아 변화무쌍한 자연의 조화는 신비로움 자체다. 노루목대피소에 도착했을 때 비는 그쳤지만 대피소 안에는 많은 사람들로 시끌벅적했다. 아마도 갑자기 쏟아진 폭우에 비를 피하기 위해 모여든 모양이다.

대피소에서 100m 떨어진 노루목갈림길에서 왼쪽으로 내려가면 상광교동 13번 버스종점이다.

초록 모자를 쓰고 나타난 백운산

오후 12시 30분, 회색구름바다위에 초록 모자를 쓰고 나타난 듯한 백운산에 섰다. 건너편 칠보산이 손에 잡힐 듯 도시를 감싸고 있는 능선이 제각기 다른 빛깔로 다가와 비에 젖은 숲과 도시의 풍경이 이색적이다.

겨울의 한파에 몸의 활력을 찾기 위해 걷는 자들의 진입 장벽을 꽤나 낮춰주는 야트막한 산에 어디선가 낙엽 타는 냄새가 눅눅한 바람에 실려 온다.

전국에 많은 백운산이 있고 그 산들마다 높이가 다르지만 지역마다 사람들로부터 사랑을 받으며 다양한 이야기 거리를 가지고 있는 것처럼 이곳 백운산의 편안한 능선 길에 걸음을 재촉하여 통신대헬기장이 있는 능선으로 내려갔다.

능선은 처음 시작한 광교저수지 반딧불이 화장실 앞까지 이어져 있어 원점 산행을 하기에 제격이다. 산행을 마치고 옛 직장 친구 금순이와 영혜를 만나 막걸리 한잔으로 즐기는 풍류는 상큼하면서 달콤하기만 하다.

(2015. 8. 17.)

5. 일몰과 야경이 아름다운 백운산

높이: 255.5m

위치: 인천광역시 중구 영종도

산행코스: 운서동 주민센터~용궁사~정상~운서초등학교

(소요시간: 2시간 30분/난이도: 초보자도 갈 수 있다.)

별미: 꽃게탕, 해물백숙, 바지락 칼국수 등.

주변볼거리: 석모도, 인천자유공원, 송도 센트럴파크 등

※ 참고로 영종도 백운산은 전철을 타고 운서 역에서 내린 후 광장으로 나온다. 광장 오른쪽 넓은 주차장 앞에서 버스를 타고 운서초등학교나 운서동 중구 농협 하나로 마트 앞에서 내리면 백운산 진입이 가능하다.

이곳은 인천광역시 중구 영종도에서 가장 높은 산이다. 해동지도(18세기 중반)에는 백운산이라는 지명이 금산으로 지정되어 있다가 대동여지도(1861년 간행)에서 제물포 서쪽 바다에 자연도라는 섬이 보이고 그 안에 백운산이라는 지명이 확인된다. 아침저녁으로 산 정상부에 흰구름이 자욱하게 서려있다고 해서 백운산으로 불렀으며 과거에 영종도 주민들은 이산에 산신이 살고 있다고 여겨 산신제를 올렸다는 전설도 있다.

영종도는 조선시대에 영종진永宗鎭이 설치되어 군사적 요충지로 정상에는 봉수대가 설치되어 있다. 오늘날 백운산 중심부에 있는 마을을 중산동中山洞이라 부르며 이를 중심으로 서쪽에 운서동, 남쪽에 운남동, 북쪽에 운북동이라는 지명이 부여 되었다.

(네이버 지식백과 출처)

핏빛으로 물들인 아침을 맞으며

2013년 12월 끝자락에서 7박 8일간 안나푸르나 트레킹을 마치고 새벽 1시, 인천공항에 도착했다. 공항은 을씨년스런 겨울의 찬 기류가 몸속을 파고들면서 화려한 불빛으로 길손을 반기는 시끄러운 소음으로 가득 차 있다. 피곤한 몸을 의자에 기대어 날이 밝아오길 기다렸다가 지하철을 타고 두 번째 정거장인 운서역에 내렸다.

운서역에서 커피 한 잔으로 아침을 열고 어둠을 걷어 낸 광장으로 나왔다. 광장에서 오른쪽 도로를 따라 지하차도를 지날 무렵 태양의 무게는 회색구름 바다 저 멀리서 천지개벽을 알리는 듯 진홍빛 햇살로 하늘을 핏빛으로 물들이며 서서히 눈 부비며 내 앞을 걸어간다.

등산로는 운서동 하나로마트 건너편 주민센터 앞에서 시작되었고 그곳에는 등산지도와 이정표도 있었다.

능선에 올라 먼저 용궁사를 둘러보고 산행을 하기로 했다.

용궁사

신라문무왕 10년(670) 원효대사가 창건하여 백운사라고 부르다가 철종5년(1854) 흥선대원군이 이 절에 왔다가 이러한 이야기를 듣고 안치한 불상이 용궁에서 나왔으니 사찰의 이름을 '용궁사'로 고치는 것이 좋겠다고 하며 현판을 써 주고 중창하였다고 한다. 용궁사로 들어가는 입구에 할아버지 느티나무와 할머니 느티나무가 사찰의 역사를 말해주듯이 입구에 버티고 서 있다.

이곳에 있는 옥부 처에 전해오는 이야기기 있다. 인천시 중구 영종도에 고기잡이로 하여 어렵게 생활을 하며 살아가는 손 씨가 어느 날 쳐 놓았던 그물에 옥부처 하나가 걸려 올라왔다고 한다. 그러자 손씨는 "뭐

이런 것이 걸렸지"라고 투덜대며 바다에 던져 버리고 다시 그물을 던지고 건져 올리자 이번에도 또 그 옥부처가 걸려 올라왔다고 한다. 이러한 일이 몇 차례 반복되자 손 씨는 필시 무슨 곡절이 있으리라 생각하고 옥부처를 바다에 던지지 않고 백운사(용궁사)로 가져와 안치하였다고 한다.

그 후, 백운사 앞을 말이나 소를 타고 지나면 발이 땅에 붙어 움직이지 못한 채 서버리고 만다는 소문이 퍼지자 이 앞을 지나는 사람들은 모두 말이나 소에서 내려 걸어갔다고 한다. 이러한 소문으로 백운사가 영험한 절로 알려지자 많은 사람들이 찾아오게 되고 어부도 고기를 많이 잡아 부자가 되었다고 한다.

일몰과 야경이 아름다운 산

용궁사를 둘러 본 후, 정상을 향해 가는 오르막길에 비치는 햇살 때문인지 냉기가 서려 빰은 시리지만 몸속에는 땀이 났다. 삶의 어느 순간 태초의 만남이 곳곳에 숨어 있는 듯 고요에 잠겨 적막이 감돌았던 정상은 희미한 모습으로 길손에게 자리를 내어준다. 그곳에는 사방을 조망

할 수 있는 데-크와 정자 그리고 전망대가 있다. 날씨가 좋으면 인천국제공항은 물론 인천대교를 비롯하여 영종대교까지 한눈에 보이고 특히, 이곳은 일몰과 야경이 아름다워 사진작가들로부터 인기를 독차지하고 있다는데 오늘은 희뿌연 안개가 시야를 가려 풍광을 볼 수가 없어 아쉽기 그지없다.

주변에는 여러 군데 돌무더기가 남아 있고, 맞은편 북쪽 맞은편 봉우리에는 봉화대의 흔적이 있다. 산이 낮고 전형적인 육산으로 오름이 완만하고 산세가 부드러워 누구나 부담 없이 오를 수 있는 영종도 백운산!

기회가 된다면 여유를 두고 다시 한 번 올라 석양으로 물든 아름다운 야경을 보고 싶다. 살며시 불어오는 바람에 눈송이가 날린다.

안나푸르나가 남긴 피로를 풀기위해 하산을 서둘러 운서초등학교로 내려가는데 군데군데 남아 있는 잔설로 길이 미끄러워 운서초등학교까지는 30분 소요되었다.

(2013. 12. 21)

6. 울창한 숲으로 싸인 백운산

높이: 191m

위치: 경기도 평택시, 안성시

산행코스: 백운산 체험농장 – 백운산 샘터 – 능선 – 정상 – 능선 – 샘터 – 백운산 체험농장

(소요시간: 약3시간소요/난이도: 하)

별미: 안성한우, 민물어죽, 안성쌀밥 정식, 안성포도 등

주변볼거리: 미리내 성지, 고삼호수, 석남사 등

※ 가이드 팁: 경기도 평택시 월곡로 백운산 체험 농장(네비 031-653-3454)

조선시대 '산경표'에 따르면 평택지역은 한남 · 금북정맥에 속하며, 한남정맥의 남부지역은 월세봉(月世峰, 30m)과 매봉재(30m), 덕동산(德東山, 30m), 자란산(紫蘭山, 30m)등이 평택지역의 삼봉이다.

이곳 백운산은 평택시 월곡동과 안성시 원곡면 사이에 있는 오산(123m)과 안성시 원곡면 반제리와 외가천리 그리고 칠곡리가 만나는 사직봉(170.8m)사이에 있다.

[평택자치신문 발췌]

마음을 포근히 감싸주는 온화하면서 포근한 산

평택 역에서 함께 백운산 산행을 하기로 한 옛 직장 친구 금순이와 등산학교 동기생인 경희를 만나 미리 준비해 간 지도를 검토하면서 어쩌면 미로의 길을 찾고 있다는 생각이 들었다. 평택시와 안성시 부근에는 높은 산이 없고 마을을 둘러싸고 있는 산줄기 모두가 야트막한 동네 뒷산이다. 그래서 어느 특정 산을 찾는다는 게 쉽지는 않았다. 셋은 의견을 모아 백운산이 가장 가까운 죽백초등학교 근처에 가서 백운산체험캠

핑농장으로 찾아 가는 길을 알아보기로 했다. 들어보지도 와보지도 않은 죽백초등학교 근처에서 월곡저수지 방향으로 가다가 월곡마을에서 길을 물었다.

"말씀 좀 묻겠습니다. 이 근처에 백운산이 있습니까?"

"있다마다. 백운산이 바로 고속도로 너머 저 산인데 이 길로 가다가 오른쪽으로 틀어서 산 쪽으로 쭉 올라 가믄 산 아래 집한 채가 나와~ 거기가 도자기 체험장이야, 그 체험장 앞에 주차하고 산에 올라가면 되는구먼."

"아~네 고맙습니다."

알려 주신대로 고속도로 아래 굴다리를 건너 가다가 밭에서 일하시는 아저씨께 한 번 더 물어 생각보다 쉽게 산 입구를 찾았다.

입구에는 아름다운 우리 강산이라는 전광판이 세워져 있고 간이화장실도 있었다. 전광판 앞에 차를 세우고 산길을 따라 5~6분정도 올라가는데 등산로 오른쪽에 백운산 샘터가 있었다.

샘터에서 왼쪽산길로 올라 능선에 도착하자 아저씨 한 분이 걷고 있었다.

"안녕하셔요?"

"예, 안녕하셔요?"

"정상은 얼마만큼 가면 있나요?"

"여기서 조금만 가면 정상인데요. 가시면 실망하실 지도 몰라요."하며 웃으셨다.

"정상에 푯말은 있나요?"

"정상석이 있긴 하지만 그게…."

하시며 말을 흘렸다.

"아, 그래요? 감사합니다."

나지막한 산 능선에 잔설이 남아 길이 미끄럽다.

"산이 높다고 하여 좋은 건 아니란다."하며 금순이는 평택과 안성을 좋아한다고 하며 이유를 설명한다.

이 지역은 높은 산이 없고 평야 같은 곳에 아기자기하게 펼쳐진 산들이 온화하고 포근하단다. 그보다 더 좋은 건 도심과 멀지 않으며 복잡하지 않고 여유를 즐길 수 있는 곳이라 좋단다.

원점 산행을 해야 길을 잃지 않는다

이런저런 이야기에 시간 가는 줄 모르게 우리는 정상에 도착했다. 마침 반대편에서 올라오시는 분이 있어 인증 샷을 부탁하자 사진을 찍어 주시며 산에 대해 설명도 해 주신다. 이 산은 길게 늘어진 산이라 차를 두고 온 사람들은 반드시 원점을 해야 길을 잃지 않으며 만약 원점을 하

지 않고 다른 길을 선택한다면 하산해서 위치 파악이 잘 안 되는 곳이라 조심해야 한단다.

“저기 선생님, 한 가지만 더 여쭤 봐도 되겠습니까?”

“예.”

“혹시 왜 백운산이라고 왜 부르는지 아시면 알려주셨으면 하고요.”

“잘은 모르겠지만 이 지역에서 가장 높은 산이라 그렇게 부르지 않은가 싶네. 원래 백운산은 백운산을 둘러싸고 있는 산봉우리들이 신비롭게 보일 때 우리 옛 조상들은 그렇게 부르기도 하지.”

“아, 네. 고맙습니다.”

나뭇가지 사이로 사방으로 연결되는 길고 짧은 산줄기에 울창한 숲이 달려 있다. 우리는 안전을 위해 아쉽지만 걸었던 길을 다시 되돌아 원점으로 산행을 마쳤다.

(2015. 12. 14)

제 5 부

전라도

Jeolla-do

1. 다양한 동 · 식물이 살아 있는 **광양백운산**
2. 개똥벌레의 서식지 **무주백운산**
3. 호남정맥 길에 솟은 **장수백운산**
4. 산머리의 암봉이 희다하여 **완도백운봉**
5. 무주호가 내려다보이는 **무주백운산**
6. 탄생의 의미를 담고 있는 **생일도백운산**
7. 모악산 맥을 잇는 **백운산**
8. 올망졸망 능선 길 **고금도백운산**
9. 구릉성 산지를 이루고 있는 **함평백운산**

1. 다양한 동 · 식물이 살아있는 생태박물관 광양백운산

높이: 1,222m

위치: 전라남도 광양시, 구례군

별미: 광양숯불고기, 닭 숯불구이, 재첩 회(국), 광양기정 떡, 전어 회 등

주변관광: 구봉산전망대, 옥룡사지 동백림, 매화마을, 장도박물관, 이 순신 대교, 광양 제철소, 망덕포구(섬진강 자전거길) 등

※ 전체적인 난이도: (상)

광양 백운산은 백두대간 영취산에서 갈라져 나와 호남벌을 힘차게 달려와 호남정맥을 완성하고 섬진강 550리 길을 갈무리한 명산이다.

특히, 전남에서는 지리산 다음으로 가장 높은 산이며 전국 37개의 白雲 중 세 번째 높이를 자랑하고 있다. 정상에서는 장쾌한 지리산의 주능선과 남해안 한려수도, 그리고 광양만의 환상적인 조망을 볼 수 있으며, 10㎞가 넘는 4개의 능선이 남과 동으로 흘러내리면서 4개의 깊은 계곡(성불, 답곡, 어치, 금천)을 만들어 놓고 있다.

산세는 대체적으로 가파르지만 능선에 오르면 전형적인 육산으로 길은 완만하며, 서쪽으로 형제봉, 도솔봉(1,123m), 따리봉(1,153m) 등의 산들이 구례군과 경계를 이루고, 남쪽으로는 비봉산(515m), 일자봉 등의 산들이 순천시와 경계를 이루고 있다. 그리고 동쪽으로는 억불봉(1,008m), 쫓비산(537m), 불암산, 국사봉이 아름다운 산세를 이루고 있다.

식물의 종류도 다양하게 많아 현재 발표된 종수가 980여종이 넘는다. 그중 멸종위기인 광릉요강 꽃과 쇠뿔투구꽃 그리고 나도 승마가 자생하

고 있어 일반인은 물론 식물 학자들에게도 큰 인기를 끌고 있는 산이다.

또한, 광양 백운산은 예로부터 신령스런 산으로 한반도의 남단 중앙부에 우뚝 솟아 봉황, 여우, 돼지의 세 가지 신령한 기운을 간직한 영산으로 불리운다.

백운산 삼 정기(봉황 · 여우 · 돼지) 이야기

첫 번째 '봉황의 정기' – 학자가 많이 탄생한다는 이야기다. 옥룡면, 봉강면과 경계에 있는 문필봉 아래에서 태어나신 신재 최산두 선생이 봉황의 기를 받고 조선시대에 광양에서 최초로 학자가 되셨다는 흥미진진한 이야기가 있다.

두 번째 **'여우의 정기'** – 옥룡면 월애촌村에서 태어나신 월애부인이 받았다고 한다. 월애부인은 총명하고 지혜로우며 자태 또한 아름다워 우리나라가 몽고국의 지배를 받고 있을 때 공녀로 뽑혀가 왕의 총애를 받아 나라가 위태로울 때마다 도움을 주었다는 이야기다.

세 번째 **'돼지의 정기'** – 아직까지 받은 사람이 없다고 한다. 하지만 언젠가는 백운산 돼지의 정기를 받아 중국 역사상 전설적인 부자로 손꼽히는 '석숭'과 같은 큰 부자가 탄생될 것이라고 한다.

나는 이곳에 광양 백운산등산로(8코스)를 코스별로 소개를 하고자 한다. 참고로 코스 별 출발점에서 정상까지는 편도이며 예상 소요시간은 각자의 체력에 따라 달라질 수 있다.

등산로 1코스 옥룡면 논실 마을–한재–정상 (4.9㎞/2시간)

주소: 광양시 옥룡면 동곡리 1096 (신재로 1744)

출발점은 논실마을이며 한재까지 약 2.3㎞로 포장도로로 되어 있다. 하지만 한재까지 승용차 진입은 가능하나 대형 버스 진입은 불가능하다.

한재(850m)에서 약 500m(약 20여 분) 경사진 오르막을 올라서면 완만한 능선 길이다.

능선길에 간간이 모습을 드러낸 일명 '왕자바위' 는 바위모습이 마치 의자같이 보인다. 그리고 곰처럼 생겼다하여 '곰 바위' 등의 기암괴석들이 울창한 숲속에 심심치 않게 드러나 있다.

남쪽 사면에는 바위가 마치 병풍처럼 펼쳐져 있다는 병풍바위가 숲속의 신비로움을 더해주고 간간히 뻥 뚫린 공간에 시원스런 풍광은 농바구(현: 신선대)에 닿는다.

농바구(현 신선대)는 멀리서보면 바위가 마치 네모난 농처럼 보인다하여 옥룡골 사람들이 아주 오래전에 불렀던 이름이다. 이곳에 올라서면 장쾌하게 늘어선 지리산 주능선(노고단에서부터 천왕봉까지)의 조망을 볼 수 있다.

농바구(현:신선대)에서 정상까지는 0.5㎞로 뾰족 뾰족하게 튀어나온 바위들이 마치 써래를 닮았다 하여 써래바구라 부른다. 볼수록 울창한 산 빛, 서럽도록 아름다운 청정지대의 나무숲을 지나 정상에 서면 섬진강을 건너 지리산 뿐 아

니라 1,000m가 넘는 봉우리(도솔봉1,123m, 따리봉1,153m, 억불봉1,008m)들이 그려내는 태고의 형상을 고이 간직한 자연의 위대함에 저절로 고개 숙여진다.

날씨가 좋은 날이면 멀리 남해대교를 넘어 한려수도가 눈앞에서 넘실거린다.

등산로 2코스 **옥룡면** **진틀 마을–숯가마터–정상** (3.3㎞/2시간30분)

주소: 광양시 옥룡면 동곡리 864(신재로 1654)

진틀 버스정류장 2차선도로에서 병암산장까지 0.6㎞ 포장도로로 승용차는 가능하나 버스 진입은 불가능하다.

등산로는 병암산장 오른쪽 뒤로 본격적으로 시작된다.

계곡을 끼고 흙길과 바위 그리고 돌을 밟으며 독일 가문비나무 군락을 지나 고로쇠나무와 참나무 그리고 서어나무 등 각종 활엽수들이 군

락을 이루고 있는 길을 따라 약 40여 분 걷다보면 병암삼거리(현: 진틀삼거리)에 도착한다. 이곳에 숯을 구웠던 숯 가마터가 있다. 광양에 숯불구이가 유명해진 이야기가 있다.

옛날 한양에서 살던 선비들이 광양으로 귀양 와서 광양읍성 밖에 살던 사람들의 자녀들에게 글공부를 가르켜 주면 사람들은 백운산에서 참나무로 만든 숯으로 어린 송아지를 잡아 숯불에 잘 구워 대접했는데 그 후 다시 한양으로 갔던 선비들이 광양불고기를 못 잊어 '천하일미 마로화적' 이라는 말을 했다는 말을 실감케 하는 숯 가마터가 이곳 말고도 백운산 곳곳에 산재해 있다.

병암삼거리(현:진틀삼거리)에서 좌측은 농바구(현 신선대)를 거쳐 정상을 갈 수 있다. 2등산로는 우측으로 가면 거친 등산로에 오르막길이 이어지다가 466개의 계단을 올라서면 능선삼거리에 이른다.

능선삼거리에서 정상까지는 0.3㎞이다.

참고로 병암삼거리(현: 진틀삼거리)에서 두 방향 모두 계속적인 오르막

길에 돌과 계단이 많아 거칠고 험하지만 당일로 가장 짧게 원점으로 정상을 다녀올 수 있어 많은 등산객들이 이용하고 있다.

등산로 3코스

옥룡면 **용소-백운사-상백운암-헬기장-정상(5.3㎞/2시간50분)**

주소: 광양시 옥룡면 동곡리 1234

'용소'는 옛날에 용이 살았다는 전설과 역대 현감들이 목욕재계하여 기우제를 지냈던 곳이라 한다. 또한 우리 고을 역사를 기록한 국가주요 문헌이나 고을 옛 향토지에 기록되어 전해오는 조선 왕조 실록에는 한때 이곳 용소에서 붉은 물이 나와 왕이 보고를 받고 재앙의 징조가 아닌가 근심한 기록도 있다고 전해진다. 용소 바로 밑에 높이 5m 정도의 문바위는 아들을 못 낳는 부녀자들이 돌을 던져 바위 위에 떨어지면 아들을 낳는다 하여 돌을 많이 던졌다는 전설도 전해지는데 몇 년 전 태풍에 돌은 흔적도 없이 사라졌다.

등산로는 도로에서 백운사까지 약 3㎞로 포장도로로 되어 있다. 하지만 백운사까지 승용차 진입은 가능하나 버스 진입은 불가능하다.

백운사(하백운암)는 상 백운암과 함께 보조국사에 의해 창건되어 상 백운암과 중 백운암이 함께 송천사지에 딸린 암자였다. 그 후, 임진왜란 때 전소되었다가 하백운암(현 백운사)은 눌암스님에 의해 중건되었고 상 백운암은 구산스님에 의해 중건되었다.

백운사에서 상 백운암까지는 약 0.9㎞이며 돌이 많은 거친 등산로로 약 30여 분 걸린다. 중간쯤 위치에 있던 흔적도 없이 사라져버린 중 백운암터는 광양시 중마동에 거주하는 유용재씨가 몇 년 전 돌탑을 쌓아 자리를 지키고 있다.

상 백운암에서 좌측으로 등산로를 따라 약 100m 가면 좌측에 백운산을 지키고 있는 큰 바위 얼굴이 나온다. 이 바위는 높이 50m, 폭이 약 20m로 2006년 내가 백운산 산행 도중 발견하여 2008년 지역 신문에 공개한 바 있다.

무릇 비는 일이 생기면 이곳에 와 정성을 다하면 소원을 이룬다는 이야기가 전해지며 주변 곳곳에 기도처의 흔적을 볼 수 있다. 큰 바위얼굴을 지나 20여분 올라가면 능선에 헬기장이 있다. 헬기장에서 보이는 정상바위가 마치 한 마리 돼지가 하늘로 올라가는 형상을 하고 있어 백운산 돼지의 정기를 생각하게 만든다.

『세종실록지리지』(광양)에 백운산에 대한 기록은 없고 진산鎭山으로 백계산白鷄山이 나온다. 『신증동국여지승람』에 옥룡사玉龍寺 · 송천사松川寺 · 황룡사黃龍寺가 백계산에 있다고 하고 있으나, 『여지도서』에서는 이 사찰들이 모두 백운산白雲山에 있다고 수록하고 있다. 또한, 『동여비고』(전라도)에는 백운산은 백계라고도 한다(白雲山 白雞)는 기록이 있다. 이를 통해 백계산이 백운산 줄기 전체를 가리키는 지명으로 사용되었음을 알 수 있다. 『대동지지』, 『전라도읍지』 등에는 백운산과 백계산이 현재와 같은 모습으로 분리되어 수록되어 있다. 『신증동국여지승람』에 첨부된 「동람도」에는 백계산만이 기록되어 있으나 조선 후기 지도에는 현의 주산으로 백운산만이 표기되거나 현재와 같이 각각 표기되어 있다.

[네이버 지식백과]

백운산[白雲山, Baegunsan] (한국지명유래집 전라 · 제주편 지명, 2010. 12. 국토지리정보원)

정상으로 가는 울창한 숲속에 부처형상(일명 부처바위라 칭함)을 하고 있는 바위도 오랜 세월 백운산의 역사를 말해주고 있는 듯하다.

신갈나무가 하늘을 덮은 완만한 능선을 따라 20여 분 걷노라면 진틀마을과 정상으로 가는 능선 삼거리가 나온다. 여기서부터는 등산로 2코스와 함께 정상까지 걷는다.

등산로 4코스

옥룡면 동동마을-노랭이봉-억불봉헬기장-능선전망대-정상 (9.5㎞/4시간 50분)

주소: 광양시 동곡리 238-4

동동마을에서 광양제철수련관으로 올라가 수련관 헬기장에서 노랭이봉 이정표를 따라 1시간여 쯤 오르막길을 올라가면 노랭이봉이다. 노랭이란 산줄기가 길에 늘어졌다해서 느랭이로 부르던 것이 노랭이로 되었다는 이야기다.

노랭이봉에서 우측으로 긴 능선을 따라가면 옥곡 국사봉에 이르고 좌측으로 0.3㎞ 내려가면 노랭이재에 닿는다. 이곳에서 제철수련관과 등산로 7코스(어치리 구황마을) 갈림길이 있다. 억불봉 방향으로 약 30분 쯤 가면 억불봉 헬기장이 나온다.

헬기장에서 북쪽 50여m 내려가면 취정 샘이 있는데 이곳은 백운산에 유일한 생명수로 지금은 고인이 되었지만 옥룡에 살던 이ㅇㅇ씨가

습지에 우물을 파 다듬어 놓고 당신의 와이프 닉네임을 따서 취정 샘이라고 이름 지었다.

헬기장에서 억불봉까지는 0.7km로 왕복 1시간 30여 분이 걸린다.

억불이란 불교에서 나온 말인데 〈신증동국여지승람(1481~1530)〉원문에 업굴산으로 처음 표기되면서 '업굴산은 백계산 동쪽지맥이다.'라고 적혀있다. 백계산은 지

금의 백운산을 말한다.

더 자세한 내용은 세종실록지리지(1454년)의 광양현 「山」 조를 참고하면 더 확실하게 알 수 있다.

헬기장에서 정상까지는 6.3km이다.

봄이면 철쭉꽃, 여름이면 울창한 수림과 가을이면 형형색색 오색단풍, 그리고 흰눈이 쌓인 겨울 설경이야말로 어떤 말로 어떤 글로 표현할 수 없을 만큼 아름다움이 극치를 이루는 능선길이다.

특히, 철쭉나무와 신갈나무가 주종을 이루고 있는 능선길 양 변에 5~6월이면 그늘사초가 마치 초록융단을 깔아 놓은 듯 숲속이 편안한 길이 능선헬기장까지 이어진다. 이곳에서부터는 등산로 3코스와 함께 걷는다.

봉강면 성불교–형제봉–도솔봉–따리봉–한재–정상 (11.8㎞/6시간 10분)

주소: 광양시 봉강면 조령리 886(부암길 59)

하조마을 입구에서 성불교를 지나 좌측 꽃사슴농장 방향으로 약 100m 가면 등산로 입구가 나온다.

이곳은 초입부터 울창한 소나무 숲길이다. 봄이면 철쭉나무와 진달래꽃으로 물들인 등산로를 따라 30여 분 올라가면 등산로를 막고 있는 바위가 심상치 않다. 바로 '선바위' 이다. '선바위' 이란 무속 신앙이 되는 바위로 불교계에서는 석불님 또는 관세음보살님이라 부르기도 한다.

전해 내려오는 이야기는 아주 옛날 임신을 원하는 부인들이 이 바위에 와서 빌면 효험이 있다고 하여 기도를 드린 후 집으로 돌라갈 때면 이곳에 살던 호랑이가 집까지 보호해주어 안전하게 귀가할 수 있었다고 한다.

선바위에서 계속적인 오르막길을 쉬엄쉬엄 올라가다보면 각종 활엽수 군락 사이로 히어리 나무가 군락을 이루고 약 1시간 30여분 오르막을 올라 능선에 서면 호남정맥 길에 합류한다. 능선에서 좌측으로 월출재와 깃대봉으로

연결되고 오른쪽에 형제봉이 있다.

형제봉은 두 개의 봉우리가 나란히 있어 형제봉(동–형, 서–동생)이라 부르며, 가파른 절벽으로 아주 옛날에 이곳에서 화살을 쏘면 절벽이 높아 땅에 떨어지는 속도가 하루 반나절이 걸린다는 이야기가 엷은 미소를 머금게 한다.

형제봉에서 새재와 등주리봉을 지나 다시 40여 분 완만한 능선 길을 지나면 장차 부처가 될 보살이 산다는 도솔봉에 닿는다.

불교에서 도솔봉 아래에는 도솔천이 있어 가끔 미륵이 인간 세계에 내려와 선악을 심판하며 관장한다고 불교에서 욕계欲界 6천 중 제 4천이라고 하는데 이곳 도솔봉에서 흐르는 계곡을 따라 내려가면 성불사가 있다. 성불사는 전남 지역 유일한 용화종파 사찰로 신라 말 도선 국사가 창건하여 40여 개의 암자를 간직했던 큰 사찰이었다고 하나 온갖 수난으로 기울어 가던 것을 35여 년 전 무현스님이 다시 중건하였다.

참샘이 재로 내려가는 낭떠러지에 자태를 누그러뜨리지 않은 소나무 한 그루가 살아온 세월을 이야기하며 발목을 서슴없이 집어 삼키고 그

아래 광양을 지켜 학자를 많이 탄생시켜주는 '봉바위' 가 있다.

'봉바위' 는 '봉황을 의미' 하며 봉황은 상상의 동물로 북쪽에서 나쁜 기운을 막아주어 광양 땅에 학자가 많이 탄생한다는 이야기가 새롭다.

참샘이 재에서 다시 오르막길을 치고 올라가면 따리봉(1,153m)에 도착한다. 따리봉은 뱃길을 조정하는 역할을 하는 도고를 따리라 하는데 봉우리형국이 마치 따리를 닮았다 하여 붙여진 이름이며 또 다른 명칭으로 똬리봉 또는 다리봉이라고도 한다. 따리봉에서 한재로 가는 길은 최근에 등산로 정비로 인해 위험 구간은 다소 줄어들었지만 경사가 심하여 미끄러운 구간이 더러 있어 혼신을 다하며 걸어야 한다.

한재에서 정상까지는 1코스와 함께 걸어간다.

등산로 6코스 진상면 내회마을–매봉삼거리–정상 (3.9㎞/2시간 10분)

주소: 광양시 진상면 어치리 1253-4

등산로는 어치계곡 상류 맨 끄트머리 마을인 내회(안원데미)마을을 벗어나 울창한 숲으로 덮인 계곡을 따라 조금 올라가면 외형상 평범하여 쉽게 눈에 띄지 않지만 깊은 골짜기 속에 숨은 듯이 감추어진 구시폭포가 있고 '구시沼' 가 자리 잡고 있다.

구시소(구시폭포)란 이름처럼 생긴 짐승들의 먹이통을 길게 깎아 놓은 듯한 바위 절벽 사이에 아무리 혹심한 가뭄이 들어도 마르지 않는다. 맑고 깨끗한 물이 한여름에도 뼈 속까지 스며드는 한기를 느끼게 하며 흘러내리고 있다. 그런데 이 '구시소' 에는 외형적인 모양새뿐만 아니라 실제 그 이름의 유명세를 나타내 주는 오래된 이야기가 있다.

옛날, 하늘나라에는 인간들을 다스리는 신들이 살고 있었으며 그들은 자주 인간 세상으로 내려와 인간들이 사는 모습을 둘러보고 인간들이

굶주리지 않게, 인간들이 나쁜 짓을 하지 않게 둘러보고 착한 사람이나 나쁜 사람을 골라내어 그에 상응하는 길흉화복을 나누어주던 때가 있었다. 이때 하늘의 신들이 인간 세상으로 내려 올 때는 말을 타고 왔으며 사람들은 이 말을 천마라 불렀는데 그 모습은 눈처럼 하얗고 은빛처럼 빛나는 커다란 날개가 달린 말이었다.

신들은 그 말을 타고 세상을 둘러보았으며 쉴새 없이 세상을 둘러보는 동안 천마가 지치면 일 년에 한 차례씩 '백학동' 계곡에 있는 '구시소' 에서 말을 쉬게 하고 시원한 물을 먹여 새로운 힘을 충전시키는 것이었다. 그 날이 음력 정월 보름날이었으며 그 시각은 인간들이 깊은 잠에서 깨어나지 않은 먼동이 트기 전이었다. 지금은 사람들이 모여 촌락을 이루어 살고 있지만 먼 옛날 감히 인간들이 드나들지 못하던 시절의 신비하고 아름다우며 한가로움이 느껴지는 모습이다. 한없이 깊고 맑은 '구시소' 의 물도 천마가 내려와 마시면 바닥까지 말랐다는 불가사의한

이야기는 '구시소' 주변의 바위에 새겨져 있는 말 발자국들이 이를 더욱 실감나게 하고 있다. 지금도 매년 정월 보름날 새벽이면 구시소의 물이 마르는 현상이 계속되고 있어 백운산을 신령스럽게 생각하고 있는 山사람들은 아직도 신이 살아 있으며 항상 인간들을 지켜보고 있다는 것을 믿고 언제나 언행을 조심하여 신의 노여움을 받는 일이 생기지 않도록 조심스럽게 살고 있는 것이다.

이 전설에 걸맞게 풍수 지리학 상으로도 어울리는 이름의 명당자리가 전해져 오고 있어 전국의 수 많은 명풍수, 지관들이 군침을 흘리고 찾아드는 곳이기도 하다.

구시소와 구시폭포 그리고 선녀탕이 계곡의 진미를 더해주는 곳에서 포장도로를 따라 약 20여 분 올라가면 도로가 끝나는 곳에 한여름에도 이슬이 맺힐 만큼 시원하다는 오로대가 있다.

오로대는 옛날 선인들이 단오절과 한로절에 이곳에서 풍류를 즐겼다고 전해진다. 본격적인 등산로는 오로대(계곡)에서 오른쪽으로 시작된다. 계곡을 끼고 40여 분 간간히 거친 돌길을 걸어야하는 어려움도 있지만 사람들의 발길이 많지 않아 원시림을 그대로 간직하고 있다.

계곡이 끝나는 시점에서 오르막길을 올라 1시간쯤 안전 로프에 의지하며 매봉삼거리까지 버거운 고행 길로 이어지고 매봉삼거리에 정상까지는 1.3㎞로 각종 야생화 천국으로 불릴만큼 다양한 식물들이 분포되어 있으며, 어렵지 않게 정상에 도착할 수 있다.

진상면 구황마을-노랭이재-억불봉헬기장-능선전망대-정상 (10.3㎞/5시간 30분)

주소: 광양시 진상면 어치리 126-1

등산로는 수어호가 끝나는 상류에 백학동마을이 있고 백학동마을 뒤에 구황마을에서 시작한다.

구황마을 버스 정류장에서 마을을 지나 마을 뒤로 계곡을 따라 구황교와 구황2교를 건너지 않고 포장도로로 등산로 이정표가 안내하고 있다.

최근에 좌측 길옆으로 새로 지은 펜션을 지나면 매화 밭과 대숲도 지난다. 본격적인 등산로가 있는 곳까지는 포장 도로를 1시간쯤 걸어가야 한다. 그곳까지 승용차 진입이 가능하지만 차를 세울 수 있는 공간은 넓지 않다. 입구에는 산행지도와 이정표가 있다.

계단을 올라서 울창한 원시림 속에 바람에 들려주는 이야기를 들으며 물소리 장단에 30여 분 걸음을 맞추어 걷다보면 억불봉과 노랭이재로 나눠지는 갈림길에 도착한다. 지금은 억불봉 가는 길은 가파르고 위험하기 때문에 입산통제를 하고 있다.

갈림길에서 노랭이재 방향으로 5~10분 진행하다보면 옛날 철을 구워 무기를 만들었던 야철장이 나온다.

야철장은 지금으로부터 100년을 전후한 시기에 제철製鐵한 흔적으로 황병학 의병부대의 무기제작과 관련된 유적이 나온다. 19세기 황병학(黃炳鶴 1876~1931)의사가 조선 침략을 자행하는 일본군을 물리치기 위하여 1908년 백운산과 지리산에서 활동하는 산포수들을 불러 모아 무기제작에 심혈을 기울여 그곳에 대장간을 차리고 무쇠를 구해오다가 창과 칼을 만들었다. 생쇄골에서 무기를 제작한 야철로는 현재의 용광로와 비슷한 형태로 제작되었으며, 규모는 높이 90㎝, 하부직경 약 1m, 상부직경 약 1.5m로 위로 갈수록 약간 벌어져 있다. 이곳에는 상당한 양의 쇠똥(slag)등이 산재하고 있다.

(황병학은 독립운동가로 1905년 을사조약이 강제 체결되자 국운이 기울어져 감을 통분하여 황사중, 한성순, 고견 등과 협의, 의병을 을으켜 백운산에서 활약하다가 만주로 망명, 1968년 정부로부터 건국훈장국민장이 추서되었음.)

야철장에서 10여 분 올라가면 등산로는 계곡 건너 참나무와 서어나무가 숲을 이루는 오르막길에 마음을 내어주고 어느새 산길은 노랭이재로 연결된다.

노랭이재에서 제철수련관으로 가는 길과 좌측은 노랭이봉, 그리고 우측은 정상으로 가는 등산로 4코스와 함께 걸어간다.

다압면 청매실농원–쫓비산–갈미봉–매봉–정상 (19㎞/10시간 20분)

주소: 광양시 다압면 도사리 339-1

광양 매화마을하면 떠오르는 건 이름도 희한한 쫓비산이다. 쫓비산의 유래는 산이 뾰족하여 쫓비산으로 되었다는 이야기와 섬진강 물이 거울 같이 맑아 쫓비산으로 이름 지었다는 설이 있다. 매화꽃이 만발하는 3월이면 전국의 산꾼들은 매화마을로 찾아와 쫓비산 산행을 마치고 섬진강 줄기에 흐드러지게 핀 매화꽃 향기를 맡으며 봄을 맞이하는데 이때, 가장 많이 찾는 코스가 다압면 관동마을에서 출발하여–배딩이재–갈미봉–쫓비산에 올라 청매실 농원으로 하산(약 4시간 소요)하는 코스이다.

8코스 등산로는 청매실농원에서 삼박재로 가는 길목에 문학 동산을 지나면 슬라브 집 앞에 쫓비산 이정표가 있다.

청매실농원은 해발 1,222m에 달하는 백운산 자락이 섬진강을 만나는 기슭에 자리 잡고 있다. '매화박사' 로 통하는 홍쌍리(명인)씨가 본격적으로 매화 밭을 조성해 오늘 날 매화 명소로 알려진 데에는 시아버지 율산 김오천 선생이 일제강점기에 일본에서 밤나무는 식량대용으로, 매화나무는 약용을 목적으로 들여온 데서 시작된다.

율곡 김오천 선생이 야산에 밭작물을 심지 않고 나무를 심어 주위 사람들로 부터 '오천' 이 아니라 '벌천' 이라는 비난을 받으면서도 거름을 하고, 나무를 가꿔 청매실농원 기틀을 마련했다고 한다.

홍쌍리 명인은 정부지정 명인 14호로 지정될 만큼 매화와 매실에 관해서는 일가를 이루고 있다.

이정표를 따라 약 1시간 30여 분 오르막길을 올라가면 토끼재와 쫓비산으로 가는 갈림길이다. 갈림길에서 쫓비산까지는 0.8㎞로 30여 분 정도 소요된다.

쫒비산에서 오르락 내리락 거리는 완만한 능선길을 한시간 남짓 활엽수길을 걷다보면 갈미봉이 나온다.

갈미봉에 재미있는 설화가 전해오고 있다. 옛날 악양이 낙노국의 도읍지였던 시절이었다. 국력이 강해지자 도읍지를 넓히려고 하니 섬진강의 범람으로 피해가 많았다. 그래서 섬진강의 일부 물줄기를 순천, 광양 방향으로 돌리려고 하는데 특별한 방법이 없었다. 하루는 도승道僧이 나타나 지리산 산신령에게 물어보면 방법을 알려 줄 것이라고 했다. 그래서 지리산 산신령에게 물었더니 산신령이 말하기를 백운산 신령한

테 시킬 테니 그리 알라고 했다. 어느 날 강 건너 갈미봉이 걸어오고 있었다. 한 처녀가 아침밥을 짓다가 밖을 내다보니 강 건너 산이 걸어오는 것을 보고 놀라 하는 말이 "엄마 산이 걸어오네!" 하자 어머니가 밖을 내다보지 않고 하는 말이 "야이 가시내야" 하면서 부지깽이로 때리려 했다. 그때 그만 산이 멈추어 서고 말았다고 한다. 그때 그 계집아이가 보지만 않았어도 악양은 큰 도읍지가 되었을 것이라고 한다.

[출처] 한국학중앙연구원 – 향토문화전자대전

갈미봉에서 내리막길을 약 30여 분 걷다보면 옛날 이곳에 배나무가 많아 배딩이재로도 불리우던 게밭골(배딩이재)이다.

게밭골에서 천황재를 지나 매봉까지 4시간 소요되며 완만한 능선에 각종 활엽수가 하늘을 덮고 있어 등산로가 푹신하다.

매봉에서 3.9㎞로 오르고 내림 길이 경사를 이루고 있어 약 2시간을 걸어야 정상에 도착할 수 있으며, 매봉삼거리부터 정상까지는 등산로 6코스와 함께 걷는다.

백운산은 위에 소개된 8코스 외에도 등산코스는 다양하게 많다. 특히, 승용차를 이용하는 사람들이 차회수를 할 수 있는 원점산행뿐 아니라 아름다움에 극치를 이루는 계절 산행코스(봄–철쭉, 여름–녹음, 가을–단풍, 겨울–설경)도 빼놓을 수 없이 아름다운 산이다. 그 외에도 백운산 등산코스가 다양하게 많아 누구나 각자의 체력에 맞쳐서 산행을 즐기며

건강을 챙길 수 있어 광양시민뿐 아니라 전국의 산꾼들과 여행객들에게 많은 사랑을 받고 있다.

참고로, 최근에 백운산 언저리 지역 곳곳에 흩어져 있는 마을의 다양한 생태 · 역사 · 문화자원을 배경으로 사람과 사람, 자연, 사회와의 교류통로를 통해 삶의 흔적을 찾아 지형 및 생태적 요소를 찾아 백운산 둘레길을 조성하고 있다. 둘레길은 총 118㎞로 9개 노선으로 분리되어 편의시설과 안전시설, 그리고 휴게시설을 마련하고 있으며 생태적, 경관적 가치가 우수한 자연환경이 훼손되지 않는 범위 내에서 마을의 독특한 고유문화를 체험할 수 있도록 조성되고 있으며 1, 3, 4, 5, 7코스 등이 완료되었다.

2. 개똥벌레의 서식지 백운산

높이: 1,010m

위치: 전라북도 무주군

산행코스: 진평마을 – 임도삼거리 – 백운산 – 재궁마을 – 설천면소재지
(소요시간: 3시간/ 난이도: 상) – 택시 전화 : 063-324-3366

별미: 어죽, 표고버섯 국밥, 산채 비빔밥 등

주변관광: 구천동 33경, 덕유산, 칠연폭포, 적상산사고지, 반딧불 시장 등

※ **가이드 팁**: 전라북도 무주군 설천면 소천리 산1
(일반적인 산행코스: 반딧불공원–능선–정상–약수터–재궁마을)

국립공원 덕유산 향적봉(1,614m)을 모산으로 서북쪽으로 뻗은 능선에 단지봉~적상산(1,029m)이, 그리고 동북쪽으로는 김해산~성지산(992m)~청량산(1,122m)~깃대봉(1,055m)에서 백운산(1,010m)에 이르는 산줄기가 길게 용트림 하다가 남대천에서 여맥을 다하면서 멸종위기에 처해 있는 만물의 영장이었던 개똥벌레가 서식하고 있어 천년기념물 제322호로 보호받고 있는 산이다.

산행코스는 첫 번째 무주군 설천면 신덕마을과 두 번째 진평마을에서 출발하는 코스를 찾아 나는 두 번째 코스를 선택했다.

찬바람 맞으며

진평 마을 회관을 지나 도로를 따라 마을로 들어가다 보면 농촌생활 체험장이 나온다. 등산로는 체험장으로 가지 않고 계속 직진하면 좌측에 사방댐에서 본격적인 산행을 시작한다.

등산로는 빽빽이 들어선 수림에 희미하고 무척 까다로워 밀림 속을 헤치는 기분이다. 온몸은 찬바람에도 아랑곳 하지 않고 땀으로 범벅이

다. 홀로 가는 산길에 긴장감으로 거친 숨소리를 토해내며 1시간 30여분을 올라가 첫 이정표를 만난다. 인적 없는 산길에 정상이 1㎞ 남았다는 이정표가 반갑기만 하다.

방향 날개에 출발 지점이 반딧불공원이라는 걸 보아 백운산 생태 숲에서 출발하는 등산로가 있는 게 분명하다. 무주는 눈이 많이 내리는 지역으로 매서운 바람이 산로를 따라 군데군데 잔설을 남기고 간 자리가 겨울풍치를 엮어준다.

이곳에서 20여 분 올라가서부터는 근육을 지치게 하는 암릉 구간으로

빙판길이다.

차가운 산바람에 잡목 숲은 뼈대와 속살을 다 드러내고 앙상한 나뭇가지로 겨울을 삼킨다. 군데군데 버티고 서 있는 큰 바위들의 위엄에 몸은 움츠러들고 간신히 등산로에 매달아 놓은 밧줄에 몸을 의지하며 혼신을 다해 올라갔다.

위험구간을 벗어나 산정에 못 미처 시야가 확 트이는 '전망 좋은 곳'에 닿았다.

멀리 삼도봉과 백두대간 마루금이 흩날리는 눈송이와 함께 눈을 시리게 한다. 정상이 200m남았다는 안내를 따라 산정에 닿았다.

부질없는 욕망을 내려놓고서야

이곳 백운산은 장엄한 덕유산에 가려 뭇 산꾼들에게 인기를 누리지도 못하고 험하고 험한 길이지만 하늘은 순수한 모습으로 하얀 눈을 산 머리위에 내려앉혔다. 나무야 나뭇잎을 모두 버려야 흰 눈을 맞이하듯이 찬기류에 얼었던 몸속으로 따뜻한 누룽지 한 컵이 온기를 불어 숨을 돌린 후, 부질없는 욕망을 내려놓고서야 순수한 흰 눈을 가슴에 담았다.

겨울이 지나가는 동안 직접 와보지 않고서는 누릴 수 없는 호사다. 모든 것에는 흔적이 있듯이 이곳 백운산에도 전국에 무수한 산님들이 다녀간 흔적이 보인다. 지도에 나와 있는 코스대로 깃대 봉으로 향해 보지만 등산로에 쌓인 눈이 발목까지 빠진다.

꽁꽁 얼어있는 미끄러움에 엉덩방아를 찧고서야 결국 가던 길을 포기하고 다시 정상으로 돌아와 주차장이라고 적혀있는 이정표를 따라 하산길을 재촉했다.

경사가 심한 내리막길은 계속 내리는 눈으로 덮여 멧돼지 녀석이 남기고 간 발자국에 몸은 털끝을 세우고 싸늘해진다. 걸음을 바쁘게 떼 보지만 긴장과 두려움으로 바짝 얼어붙은 몸은 제자리에서 맴도는 듯하다가 약수터 이정표를 만나고서야 긴장이 풀렸다.

셀 수 없는 발걸음에 도로가 가까운 듯 차가 지나가는 소리가 시끄럽게 들린 후에야 시계를 보니 정상에서 1시간 30여 분 걸린 듯하다. 차가 다니는 포장된 도로에 내려오자 그곳에 등산지도와 이정표가 있고 설천면 소재지까지는 3㎞이다.

포장된 도로는 재궁마을로 이어지지만 더 이상 걷기가 싫었다. 설천면 택시회사에 전화를 해 보았지만 연결이 되지 않아 결국 소재지까지

걸어야 했다.

설천면 소재지에서 택시로 진평마을까지 이동하여 돌아오는 길에 반딧불공원 옆 백운산생태 숲 주차장에서 시작하는 등산로 입구를 확인하고서야 일정을 마무리 할 수 있었다. [2014. 2. 15]

귀뚜라미와 반딧불이의 어긋난 사랑

어느 여름날 밤, 더위를 식히러 나온 반딧 불이는 날개를 비비며 노래를 부르는 귀뚜라미의 멋진 모습을 보고 그만 정신이 쏙 빠졌습니다.

귀뚤귀뚤 귀뚜르르- 귀뚜라미의 노랫소리는 어떤 악기보다 부드럽고 달콤했어요. 다음 날부터 반딧불 이는 밤만 되면 귀뚜라미를 찾아 나섰어요. 귀뚜라미의 노랫소리를 들으면 세상 모든 것이 아름답게 보였으니까요. 또 그의 노랫소리를 들어야 잠도 편히 잘 수 있었고요.

어느 날 부턴가 그런 반딧불이의 몸이 밝게 빛나기 시작했어요. 귀뚜라미도 나뭇잎 뒤에서 수줍게 몸을 붉힌 채 자기노래를 듣고 있는 반딧불이의 모습에 홀딱 반해버렸어요. 결국 둘은 말릴 사이도 없이 사랑에 빠져 들었답니다.

귀뚜라미는 반딧불 이를 만날 때마다 온갖 아름다운 노래를 들려주었고 반딧불이 는 반짝이는 불빛으로 답을 했어요. 둘은 아무리 캄캄한 밤이라도 금세 알아볼 수 있었어요. 반딧불이의 몸은 귀뚜라미를 만날 때만 빛났으니까요.

그러나 둘의 사랑은 오래가지 않았어요. 서로 사랑하면 몸에서 독특한 향기가 난다는 것을 몰랐기 때문이었어요. 결국 냄새 귀신 꿀벌 포졸에게 꼬리를 잡혔고, 둘은 감옥에 갇히게 되었어요. 헤어지면서 그들은 서로 다짐을 했답니다.

"당신을 위해 불렀던 내 노래를 잊지 마오."

"제 불빛도 잊지 마셔요."

둘에게는 큰 벌이 떨어졌어요. 반딧불 이에게 떨어진 벌은 평생 동안 곤충나라 서쪽강가에 있는 모래알을 하나씩 닦는 것이고, 귀뚜라미가 받게 된 벌은 동쪽 산에 있는 나무이파리를 하나도 빼놓지 않고 닦는 것이었어요. 둘의 소식은 비밀에 부쳐져 서로의 소식을 알 수도 없었어요. 꼼짝없이 묶여서 일만 해야 했어요. 반딧불이가 쉴 수 있는 때는 강모래가 물에 잠기는 여름 한 철뿐이었고 귀뚜라미는 이파리가 떨어지는 가을에나 쉴 수 있었어요. 그때마다 반딧불 이와 귀뚜라미는 밤을 틈타 서로를 찾아 나섰어요. 반딧불이가 꽁지에 불을 매달고 여름 산을 헤매다 들어가면 이번엔 귀뚜라미가 가을 달빛 아래서 노래를 부르며 반딧불 이를 찾아 헤매는 것이예요.

둘은 아직도 못 만났대요. 그래서 지금도 반딧불 이는 등불을 켜 들고 여름산을 헤매고 귀뚜라미는 귀뚤귀뚤 애처로운 노래를 부르며 가을 숲을 떠돌아다닌답니다. 시끄럽다고 그들을 쫓지 마셔요. 아마 여러분도 가만히 귀 기울이고 있노라면 그 슬픈 노래에 취해 절로 눈물이 날 거예요~.

3. 호남정맥을 이어주는 백운산

높이: 947,9m

위치: 전라북도 장수군

산행코스: 괴목마을–괴목고개(무룡고개 50m전방)–장안산–955봉–947.9(백운산)–장안산 관광농원–괴목마을(산행시간: 약6시간/난이도: 상)

별미: 한우구이, 불고기 전골, 육회비빔밥 등

주변 관광: 논–개 생가지, 뜬–봉 샘 생태공원, 의암 공원 등

※ 가이드 팁: 전라북도 장수군 계남면 장안리
(광양에서 남해고속도로~순천고속도로~88고속도로에서 남장수IC를 빠져나와 장계면 괴목 마을까지는 약 1시간30분 소요.)

이곳 백운산은 장안산에서 밀목재로 가는 금 · 호남정맥 길목에 있어 일반적인 사람들은 의미를 두지 않고 쉽게 지나친다. 호남정맥은 백두대간 영취산에서 곁가지를 뻗어 무룡 고개에서 장안산을 거쳐 전라북도 진안군과 완주군의 경계에 있는 주화산까지 금 · 호남 정맥을 같이 걸어오다가 주화산에서 부터 순수한 전라 남 · 북도의 마루금으로 광양 백운산까지를 두고 말한다.

대부분 산행은 무룡고개에서 출발하지만 도전을 좋아하는 나는 장안산 줄기에 달려있는 장계면 괴목마을에서 친구와 함께 산행을 시작했다.

장수군은 눈이 많이 내리는 산간지역이다

등산로는 버스 종점에서 포장도로를 따라 올라가다가 좌측 숲길로 들어갔다. 이 지역은 산간지역으로 눈이 많이 내리는 지역이다. 어디가 등산로인지 어디가 계곡인지 분간하기 어려울 만큼 지그 재그한 산길에 겨울 햇살은 나뭇가지 사이로 영롱한 빛을 내려준다.

오십을 넘긴 나이에도 겁 없이 눈 위를 뒹굴며 어린애마냥 좋아하는 우리는 천진난만한 행동으로 1시간을 넘게 계곡을 건너고 또 건너서 오르막을 올라 괴목고개에 도착했다. 이곳에서 무룡고개(1,076m)까지는 0.5㎞이다.

무룡이란 용이 춤을 추며 마치 하늘로 오르는 기상이라 그 형상을 본떠 이름이 붙여졌다고 한다. 포근하던 날씨가 기온이 떨어져 볼에 부딪히는 공기가 차갑다. 억새군락지에 전에 없는 전망대가 새로 생기고 정상으로 가는 길에 설치된 데크 계단이 겨울바람에 떨고 있다.

온 세상이 온통 하얗다. 우리는 마치 동화 속의 주인공이라도 된 듯한 착각 속에 빠져 걷다보니 어느새 장안산 정상이다.

장안산(1,237m)은 장수군의 장수읍, 번암면, 계남면, 장계면 등 4개 면의 중앙에 있는 산이다. 백두대간이 뻗어 전국의 8대 종산 중 제일 광활한 위치를 차지하며 호남의 종산이기도 하다. 1986년에 군립공원으로 지정되어 해마다 산림청에서 100대 명산에 꼽히고 있다. 장안산이란 옛날 이 산 아래 장안사長安寺라는 절이 있어 그 이름을 따서 불렀다고 하며 크고 작은 계곡이 무려 26개나 된다고 한다. 그중 덕산 용소계곡은 여름철 산행지로 인기를 독차지 하고 있는 곳이기도 하다.

추위속에서도 포기하지 않았다

정상에서 사방으로 뻗어나가는 크고 넓은 산들이 그림처럼 다가서고 그 뒤로 장쾌하게 늘어선 지리산 주능선이 병풍을 치며 한 폭의 동양화처럼 다가온다. 여기저기 시끌벅적한 산꾼들이 삼삼오오 모여앉아 비닐하우스 속에서 점심을 먹는 모습이 이색적이며 지혜롭다는 생각이 든다.

추위가 엄습해 오기 전에 걸음을 재촉해 밀목재로 가는 가파른 내리막길을 내려가 완만한 능선 길에 닿자 하얀 눈송이가 날리기 시작하더니 점점 굵어지기 시작했다. 상당한 고도의 오르막길을 올라 955봉우리

에 도착하자 눈은 펑펑 쏟아져 내린다. 순식간에 사방이 온통 하얗게 변해 아무것도 보이지 않는다.

능선이 보이지 않은 곳에서 백운산을 찾는 다는 게 쉬운 일은 아니다.

지도를 펴고 지도에 나와 있는 거리로 눈으로 덮인 두 개의 봉우리가 나란히 있는 곳에서 산의 고도와 곡선을 비교하여 백운산(947.9m)을 찾았다. 하지만 몇년 전 정맥길에서 보았던 백운산 푯말은 온데간데 없는 걸 보니 장안산의 기세에 꺾이고 호남정맥의 능선으로만 보일 뿐 관심

을 갖는 사람은 드물 것이라는 생각이 맞았다.

하산은 백운산에서 장안산 쪽으로 다시 되돌아오다가 도깨비동굴(2.2㎞)로 가는 이정표에서 '장안산 관광농원' 사장님께 전화를 했다.

"사장님 도깨비동굴로 가는 이정표가 있는데 이 길로 내려가면 마을로 가나요?"

"예. 걱정 말고 내려오십시오." 전화로 확인 하고나니 마음이 편하다.

등산로는 추위에 얼고 낙엽이 깔려 미끄럽기 그지없다. 한참을 내려와 임도를 만나고 다시 숲길을 내려오니 멀리 계곡을 건너는 주황색다리가 눈에 띈다. 계곡 너머로 장안산 관광농원이 그림처럼 다가왔다.

관광농원에서 괴목 마을까지 오는 길에 도깨비동굴이 있지만 시간관계상 다음 기회에 와 보기로 하고 패스 시킨 후 3.5㎞를 걸어 원점산행을 마쳤다.

(2015. 1. 12.)

4. 산머리의 암봉巖峰이 하얀 백운봉

높이: 601m

위치: 전라남도 완도군

산행코스: 대야리 주차장 – 건드렁바위 – 상여바위 – 상왕봉 – 백운봉 – 송곳바위 – 대야리 주차장(소요시간: 4시간/난이도: 중)

별미: 자연생선회, 전복, 삼치요리, 해신탕 등

주변관광: 완도타워, 완도수목원, 청산도, 보길도 등

※ 가이드 팁: 네비에는 완도군 대야리 '에덴공원'
(참고로 등산코스는 다양하게 많지만 대야리에서 원점회귀 산행을 할 수 있다.)

★ **참고로 5봉우리 종주코스**: 죽청리LPG충전소–삼밧재–상황봉–하늬재–백운봉–업진봉–숙승봉–불목리청소년수련관(약 10,6㎞–5시간 소요)

완도는 전라남도의 서남쪽 끝에 있는 크고 작은 유, 무인도 200여 개로 구성되어 있다. 특히, 신라시대의 장보고, 조선시대의 이순신 장군과 윤선도 등 역사적 인물들의 유적뿐만 아니라, 천혜의 경승과 풍광을 자랑하며 특히 완도의 등뼈가 되어 남북으로 뻗어있는 큰 산이자 진산인 상왕산이 있다.

상왕산象王山은 상왕봉(644m)을 비롯하여 심봉(598m), 업진봉(544m), 숙승봉(461m),백운봉(610m)의 다섯 개 봉우리를 아우르고 있으며, 이전에는 상황봉 또는 오봉산이라고도 불렀다. 이 다섯 개 봉우리 명은 고려시대를 거쳐 조선시대에 이르기까지 고지도와 문헌자료에 고스란히 간직되어 있다.

지금까지 많은 사람들은 상황봉으로 기억하고 있는 상왕산은 완도사람들에게 많은 사랑을 받고 있다. 그것을 입증할 수 있는 많은 것이 있지만 그 중에 무엇보다도 잃어버린 상왕산을 찾기 위해 그동안 지역 내 사회단체와 향우회, 그리고 완도산악연맹이 지명 정비개정작업을 꾸준히 추진해 온 노력으로 상황봉이 아니라 상왕산의 상왕봉으로 옛 이름을 되찾을 수 있었다는 점이다.

또한, 통일신라시대 장보고 대사의 활발한 해상무역을 통해 남방불교의 영향을 받은 불산인 부처의 산으로 다섯 개 봉우리 명 모두 불교용어로 명명돼 불리었고 법화사지, 관음사지 등 불

교유적지 또한 다수 분포되어 있기도 하다.

괴이한 바위들이 전해주는 이야기를 들으며

산행코스는 다양하게 있지만 나는 대야리 주차장에서 시작했다.

삼복더위가 지나 더위는 한풀 꺾였다고 하지만 산길에 내딛는 걸음은 온몸에 땀방울이 등줄기를 타고 내리고, 더위 때문인지 첫발부터 된비알의 무게는 입에서 뿜어 나오는 숨소리가 거칠다. 사철나무의 울창한 숲 속에 하늘을 뚫고 서 있는 바위에 올라서자 시원한 바람이 머리칼을 날린다. 눈앞에 펼쳐지는 넓은 바다위에 떠 있는 크고 작은 섬들 사이로 바다 물결이 햇살에 반짝거리는 풍광이 마치 한 폭의 동양화를 보는 듯하다.

숨을 고르고 다시 산길을 올라가자 부부가 한마음으로 흔들면 소원이 풀린다는 건드렁 바위에 전해 내려오는 전설이 재미있다.

옛날 송 정승이라는 사람이 상여를 따라 올라 가다가 술이 만취되어 알몸으로 오줌을 싸고 있는 것을 맞은 편 송곳바위(일명 할아버지 바위)가 '버릇없는 놈 어디를 보고 오줌을 싸느냐' 하고 호통을 치자 너무나 놀라 그 자리에서 돌이 되어 밤낮으로 절을 하며 용서를 빌었는데 지금까지 흔들흔들하며 있다고 한다. 또한 옛날부터 자연재해가 일어날 징조가 있으면 '건드렁 건드렁(덜그렁덜그렁)' 소리를 내어 마을에 재앙이 있음을 알렸다고 하는데 지금도 바람이 세게 불면 건드렁 건드렁 흔들리며 소리를 낸다고 한다.

건드렁바위에서 40여 분 올라가자 넓은 황장사 바위 전설 또한 흥미진진하다. '옛날에 키가 7척(2m30㎝)인 황장사가 완도에 살았는데 머리카락으로 제주도를 감싸 끌어오던 중 머리카락이 빠져 제주도 한 귀퉁이가 떨어져 나가 추자도가 되었고 황장사는 엉덩방아를 찧어 황장사 바위가 되었다는 이야기' 또한 재미있다.

등산로 주변에 제각기 모양을 갖춘 기암들이 심심치 않게 눈을 즐겁게 한다. 평생을 남몰래 서로 일을 도와주다 바위로 변한 형제바위, 옛날 힘 좋고 착한 황장사가 목숨을 다하여 죽자 고을사람들이 상여를 웅장하고 화려하게 만들어 관음사를 향해 가던 중 갑자기 천둥번개가 치고 비바람이 몰

아쳐서 더 이상 가지 못하고 그 자리에서 열흘을 기다렸다가 비바람이 그친 후에 다시 메고 가려하자 상여가 꼼짝도 하지 않고 그대로 바위가 되었다고 하는 상여바위 등 울창한 난대림 터널 속에 가지각색 전설에 짜 맞춘 듯한 바위들의 기묘함에 홀로 가는 지루함도 사라지고 상왕봉에 도착한다.

동서남북 막힘없이 조망이 뛰어나

상왕산의 상왕봉은 조망이 뛰어나다. 사방이 바다로 눈 아래 난대성 상록활엽수림이 제공하는 독특한 풍치. 주변에 펼쳐진 오밀조밀한 다도해 풍경. 서쪽으로 해남 달마산과 함께 두륜봉, 가련봉, 주작산, 덕룡산, 월출산 등이 펼쳐지고, 동쪽으로는 천관산이 보인다. 날씨가 맑은 날이면 제주도까지 보인다고 하는데 오늘은 희뿌연 안개가 앞을 막아 아쉬움이 남는다.

상(코끼리象) 왕(임금王) 봉(봉우리峰)은 다섯 봉우리를 불교와 관련된 이름으로 짓던 중 가장 높은 봉우리를 불교에서 신성시 여기는 코끼리를 상징하여 코끼리임금 또는 코끼리중의 왕이란 뜻으로 해신 장보고가 지은 것으로 전해진다. 처음에 상왕봉象王峰으로 지어진 이름이 김정호의

〈대동여지도〉에도 표기되었으나 일제시대 일본군 참모본부에 의해 제작된 병요조선지지(1910)에 상황봉象皇峰으로 표기되면서 잘못 부르고 있었던 것이다.

상왕象王이란 고대 중국 남방에 살면서 주변을 오가며 무역하던 뱃사람들은 이 산에 부처님의 흔적이 있다 해서 '상왕象王'이라 불렀다고도 하며, 부처를 낳은 마야부인은 흰 코끼리가 배에 들어오는 태몽을 꾸었다하여 코끼리의 왕이라고도 한다.

옛날 어느 스님이 숙승봉의 토굴에 기거하며 수도하였고, 업진봉에 이르러 업을 다하였고, 백운대에 이르러 흰 구름을 벗 삼고, 쉼봉에 이르러 바다를 보며 잠시 숨을 고른 다음 상왕봉에 이르러 부처가 되었다는 유래도 있다. 백운봉을 가기 위해 상왕봉에서 제1전망대를 지나 하늬재에 도착했다.

하늬재는 차가 다닐 수 있는 임도로 좌측으로 내려가면 완도수목원이다. 등산로에서 능선으로 500m 올라가면 제2전망대가 나온다. 제2전망대는 3층으로 되어 있어 그곳에서 주위 풍경을 담아보는 것도 무방하다.

백운봉을 머리 위에 두고 완만한 등산로가 서서히 오르막으로 진땀을 흘리게 한다. 제2전망대에서 백운봉까지 500m로 표시되어 있는데 된비

알이 된 걸음은 실제보다 더 길게 느껴지면서 힘겹게 백운봉에 올랐다.

잔잔하게 펼쳐진 다도해를 보며 걷는 길

백운봉은 멀리서 보면 하얀 구름을 걸치고 있는 듯 산머리의 암봉이 무척 희다하여 붙여진 이름이다. 암봉 뒤로 펼쳐진 잔잔한 다도해의 풍광은 그야말로 일품이다. 동쪽으로 뻗어 내린 능선에 기암들이 즐비하게 서 있다. 감탄사만 연속 내뿜으며 두 다리를 뻗고 두 팔을 벌려 사방에서 불어오는 해풍을 가슴으로 받아들인다. 갑자기 하늘에 비구름이 눈을 막는다.

하산은 업진봉 방향으로 약 200m 진행하다가 대야리로 가는 이정표를 따라 20여 분 내려와 임도에서 다시 숲길로 들어간다. 하늘이 뚫리고 완도바다가 가슴속까지 들어와 시원함을 느낄 때 길섶에서 뾰족뾰족 모습을 드러내는 기암들이 자태를 뽐낸다. 특히 송곳처럼 생긴 바위가 눈에 들어와 안내판을 보니 일명 '할아버지바위' 라고도 부르는 송곳바위라고 적혀있다.

송곳바위는 옛날 할아버지 할머니가 백운봉 밑에 있는 바위굴에 살았는데, 어느 날 황장사의 장례식에 다녀오는 길에 폭우로 계곡물이 불어나 할아버지는 간신히 계곡물을 건넜으나 할머니는 미처 건너지 못했다고 한다. 천지분간을 못할 정도로 어둠과 천둥번개가 열흘간이나 계속되자 할아버지와 할머니는 서로를 몹시 애타게 그리워하다가 마침내 바위가 되었다고 한다. 그 후 할아버지 바위 밑에서 휘파람소리가 나면 마을 아낙네들이 바람이 나곤 하자 마을 어른들이 바위 아래에서 고사를 지내니 천둥번개가 치면서 바위의 끝이 벼락에 맞아 떨어져 나간 뒤에야 휘파람소리도 그치고 마을도 평온해졌다고 한다. 할머니를 애타게 기다리던 할아버지 바위는 지금 능선 위에 송곳처럼 우뚝 솟아 있고 할머니바위는 대야저수지 제방에 묻혀 있다는 이야기가 전해지는 완도 상왕산에 이런저런 재미있는 기암들의 전설로 산행하는 동안 심심치 않았다.

(2013. 8. 25)

5. 무주호가 내려다보이는 백운산

높이: 559m

위치: 전라북도 무주군

산행코스: 옥소마을 – 백운산 – 옥소암 – 옥소마을

(소요시간: 약1시간/난이도 하)

별미: 어죽, 표고버섯 국밥, 산채 비빔밥 등

주변관광: 구천동 33경, 덕유산, 칠연폭포, 적상산사고지, 반딧불 시장 등

※ 가이드 팁: 주소–전라북도 무주군 적상면 포내리

(대전통영간 고속도로 무주IC– 727국도–괴목마을)

★ 많이 이용되고 있는 일반적인 산행코스

괴목마을버스정류소~대호산~전망바위~성지산~명품바위~910봉~안부~610봉~백운산~옥소골–무주호(약5시간)

덕유산국립공원 북동부에 무주호가 있다. 무주호를 말없이 내려다보고 있는 작은 백운산 주위에는 대호산(592m) · 단지봉(769m) · 시루봉(499m) 등이 있고 무주호 건너편에는 적상산이 있다.

적상산赤裳山은 덕유산국립공원 지역에 속하며 붉은색 바위지대가 마치 산이 붉은 치마를 입은 것 같다 하여 적상이라는 이름을 붙였다. 산에는 장군바위. 장도바위 등 자연적 명소와 안국사. 적상산성이 있고 해발 800m 지대에는 산정호수인 적상호가 있는데, 적상호는 양수발전소에 이용할 물을 저장하기 위해 만든 인공호이다.

무주호를 내려다 보며

숱한 역사의 소용돌이 속에 오늘을 이어주는 오후 3시, 차디찬 바람은 냉랭하게 옷 속을 파고들지만 옥소마을 앞에 차를 세웠다. 겨울산행을 하기에는 조금 늦은 시간에도 아랑곳하지 않고 호수펜션을 지나 산 입구로 들어섰다. 옥소마을은 주위가 온통 순수 산림지대이다.

폭포 펜션
계곡펜션
송어장
폭포펜션

등산로는 마을 뒤로 넓은 길을 따라 가다가 오솔길로 접어든다. 나무를 베어낸 뻥 뚫린 공간에서 바라다본 무주호가 햇살에 눈부시도록 반짝거린다.

익숙하지 않은 낯선 길에서 코끝을 스치는 겨울바람은 코를 훌쩍이게 한다. 깊은 숨을 쉬며 약간의 경사를 이루고 있는 산길은 소나무 숲길로 이어졌다. 등산로는 마치 동네 뒷산을 오르는 듯 부드럽게 30여 분 올라갔다. 산길에는 간간히 나무에 매달린 시그널이 말없이 안내 할 뿐 이정표나 특별한 조망은 없다.

오르막이 끝나는 곳에 몇 사람 쉴 수 있는 분지가 있고, 한쪽 귀퉁이에 서 있는 나무에 559m의 백운산 정상 표지판이 달려 있다. 하지만 사방이 잡목雜木들로 둘러싸여 조망은 가려지고 하늘만 빼꼼히 보이는 이곳에 2월의 찬 기류가 부드러운 능선을 따라 올라와 분지에서 서성대며 옷 속을 파고들어와 추위에 떨게 했다. '백운산 정상' 푯말은 산에 열정이 많은 김문암 씨가 정상 팻말을 걸어 두었다고 한다. 김문암 씨는 전

국산하를 오르며 정상석이 없는 곳에 정상푯말을 걸어주시는 분으로 알려져 있다. 언제나 그러하듯 정상 팻말 앞에서 셀카로 흔적을 남기고 하산을 서둘렀다.

하산을 서두르는 건 겨울은 낮 시간이 짧은데다가 산그늘이 빨리 덮치기 때문에 해가 지기 전에 완료해야 안전하기 때문이다. 더군다나 이번 산행은 낯설은 곳에서 오후 늦게 산행을 시작했기 때문에 코스를 짧게 하고 서두를 수밖에 없다. 온 몸에 냉기가 서리며 찬 공기가 스며든다.

나는 듬직한 산세를 이루고 있는 성지산 방향으로 걸었다. 성지산은 아주 옛날 커다란 범이 출몰해 대호산으로 불렀는데 등산객들로 인해 호랑이는 자취도 없이 사라지고 말았다고 한다. 산길에서 자주 볼 수 있는 흔하디흔한 산악회 시그널도 찾아보기 어려운 청산이다. 능선에서 좌측으로 희미한 등산로가 보인다. 그 길을 따라 내려와야만 옥소마을로 하산길이라는 걸 직감으로 알아차리고 방향을 바꿨다.

내리막길은 가파르고 빙판길이라 양손을 땅바닥에 짚고 네발도 부족하여 엉덩이를 깔고 미끄럼 타듯 계곡까지 내려왔다. 다행이 거리가 짧아 해가 지기 전에 옥소마을에 도착했다. 무주는 첩첩 산으로 둘러싸여 있어서 600m를 넘지 않은 산에도 눈이 쌓이고 빙판길이다.

혼신을 다한 걸음이 옥소암에 닿자 땅 위에서 눈꽃이 바람에 춤을 춘

다. 길가 매달아 놓은 강아지가 멍멍대며 날뛴다.

도로에서 보이는 백운산이 손에 잡힐 듯 가깝게 느껴진다. 회색빛 어둠이 산을 덮칠 무렵 나는 옥소마을 앞 전력홍보관에서 푸른 물빛 무주호에 가만히 앉아 눈을 응시해 본다.

(2014. 2. 15.)

6. 탄생의 의미를 담고 있는 생일도 백운산

높이: 483m

위치: 전라남도 완도군

산행코스: 금일 중 생일분교장–능선– 정상–학서암

(소요시간: 2시간/난이도: 하)

별미: 자연 돔, 전복 등 자연 해삼 물.

주변관광지: 금곡해수욕장, 용출리 갯돌 해안 등

※ 가이드 팁: 전라남도 완도군 생일면 금곡리

완도읍 서성항에 붙혀 있는 시간표를 이용하면 된다.

(참고로 학서암까지는 임도를 이용하여 승용차진입이 가능하다.)

생일도는 산일도, 산윤도라 부르기도 했으나 섬에서 잦은 사고가 발생하자 이름을 새로 짓고 절을 세우라는 스님의 충고에 따라 새로 태어나라는 뜻으로 날생生 날일日字를 붙여 생일도라 부르게 되었다는 섬이다. 그곳은 2012년 8월 기준에 470가구에 892명의 인구가 살고 있는 아담한 섬으로 그중에 78%가 어업에 종사하고 있다.

강진에서 23번 국도를 따라 마량을 지나고 마량에서 고금대교를 건너 고금도의 77국도에서 830번 지방도로 바꿔 타면 약산면 당목항에서 배를 타고 생일도로 넘어간다.

축하의 의미를 주는 생일도

꽃샘추위가 한파를 이루고 강풍으로 유난히 추운 삼월 첫날이다. 남편을 졸라 완도 당목항에서 9시40분 생일도가는 배를 타기로 하였지만 새벽에 내린 비로 잠시 망설였던 탓에 11시40분, 설레임을 가득 안고 배에 승선했다.

넓은 바다 위에 초록 빛깔 모자를 쓴 섬들이 불쑥불쑥 솟아오른 풍광에 몸까지 힐-링 되는 시간이다.

25여 분에 걸려 서성항에 도착하자 대합실 위에 커다란 대형 케이크가 눈길을 사로잡는다. 케이크는 어떤 행사에 축하의 의미를 부여하고

있거나 생일을 축하하는 의미에서 선물한 것처럼 생일도는 새로 태어나라는 의미에서 대형 케이크를 선착장 대합실 위에 모형으로 장식했다고 하는데 뜻을 알기라도 한 듯 생일을 맞는 사람들이 더러 이벤트로 이 섬을 찾아온다고 한다.

남편과 함께 참 오랫만에 여행을 오게 되었다. 이곳 백운산 산행도 의미있지만 그동안 삶에 찌든 우리 부부의 생활에 새로운 삶을 부여하려는 의미에서 서성항에 도착했다. 먼저 점심을 먹고 산행을 하기로 하여 항에서 왼쪽모퉁이를 돌아 '생일민박식당' 으로 들어갔다.

마침 가는 날이 장날이라고 식당이 오픈하는 날이었다. 그래서 고기와 떡을 덤으로 내어준다. 소박하고 여유로운 섬사람들의 인심 좋은 생활 풍경이다. 산행은 금일 중 생일분교장 앞에서 출발했다. 그 앞에는 백운산 등산 이정표가 있다.(서성항에서 오른쪽으로 가야한다.)

남편의 도움으로 출발점에서 인증샷을 남긴 후 학서암에서 만날 것을 약속하고 오른쪽 계단에서 본격적인 산행을 시작했다.

산길은 계단이 끝나는 곳에는 비스듬히 누워있는 바위가 발걸음을 잡았다. 눈앞에는 생일도 소재지가 그리고 긴 시야 끝에는 잔잔한 바다를 가르면서 흰 물 꼬리를 트며 바다 위를 맴돌고 있는 어선이 한 폭의 산수화를 그려내고 있다.

어느 것 하나 빼 놓을 수 없는 절경들은 세속의 어지러움을 생각할 겨를 없이 머릿속을 비워내고 올망졸망 조망을 즐기며 정상에 도착했다.

이곳 백운산은 장흥 천관산의 낙맥으로 항상 구름이 걸려 떠나지 않

아 백운산이라 하였다 한다. 정상은 철탑 밑에 작은 네모진 판에 백운산 483m라고 새겨져 있다. 차가운 바람에 몸은 움츠러들지만 시원한 조망에 손만 내밀면 금방이라도 잡힐 듯한 청산도가 안개 너머로 시퍼런 추위에 떨고 있다.

용출봉으로 가는 남쪽 능선에 누군가 간절하고도 절실한 소망으로 쌓아올린 돌탑일까! 크고 작은 돌무더기가 햇살을 머금고 맵고 사나운 회색빛 바람에 반짝인다.

능선 끝자락에서 속세의 헛된 욕망을 삼켜버리고 오늘을 다시 시작하는 마음의 창을 열어 두었다. 바다는 구름 빛에 작은 물방울로 윤기를 발하고 운무 너머 무수한 섬들이 발목을 잡지만 발길 바빠 움직임의 동작 따라 남편이 기다리고 있는 학서암으로 천천히 걸음을 옮겼다.

몸과 마음과 바다가 함께 하는 길에 봄을 알리는 예쁜 복수초가 수줍은 듯 고개를 내민다.

훈훈한 남도의 봄기운과 삶의 지혜를 소복이 담아 기약 없이 떠나는 서운함과 그리움이 교차되는 순간에 어느새 학서암에 도착했다. 학서암은 이 섬에 안 좋은 일이 자주 일어나자 1719년(숙종45년)에 장흥 천관

산의 승려 화식이 암자를 짓고 이름을 학서암이라 했다고 전해진다. 생일도의 짧은 여정은 남편과 다시 태어난다는 뜻을 담아 아름다운 섬 여행을 달콤한 와인잔으로 건배하며 훈훈한 인심과 푸짐하고 맛있는 음식을 맛보며 걷는 재미와 정겨움은 긴 여운으로 남겨지리라 믿는다.

(2013. 3. 1.)

7. 모악산 맥을 잇는 백운산

높이: 467m

위치: 전라북도 완주군 구이면

산행코스: 원백여리 마을회관 – 450봉 – 백운산 – 원백여저수지 – 원백여리 마을화관
(소요시간: 2시간 30분 난이도: 중)

별미: 한우고기 육회, 묵은지 닭복음탕, 참붕어찜

주변관광: 앵무다움 체험장, 대둔산, 대아수목원, 모악산

교통: 전주(송천동)에서–전동(한옥마을)경유,
전일여객 978번 시내버스 하루 6회 운행

※ 가이드 팁: 네비게이션 주소–완주군 구이면 원백여리

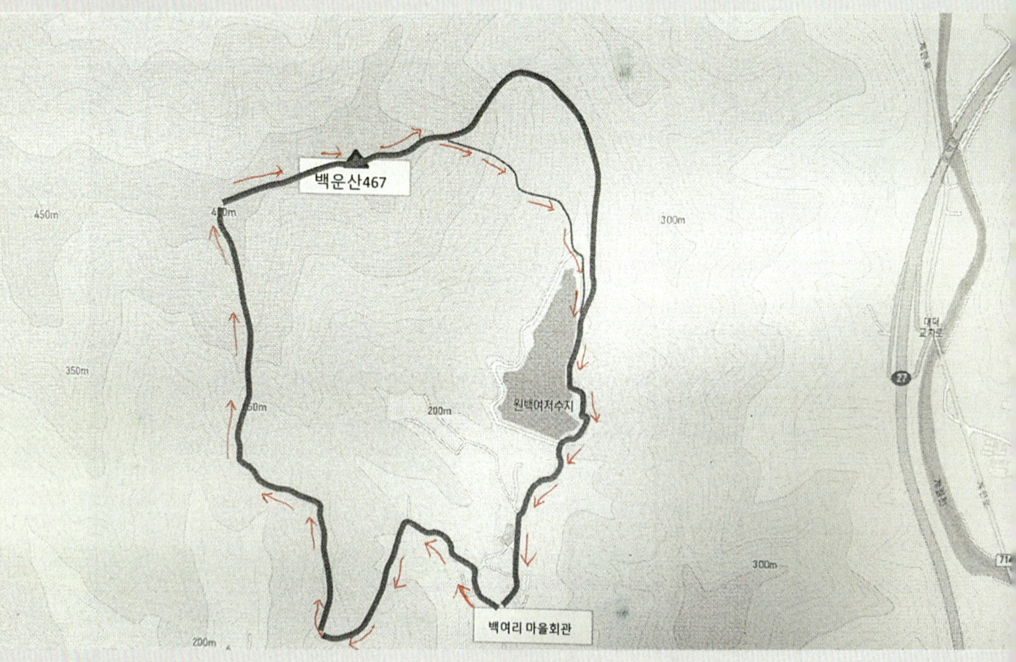

여기저기서 봄의 왈츠가 한창이다. 우연히 인터넷에서 찾아낸 백운산이 있기에 확인하기 위해 구이면사무소에 전화했다.

"수고가 많으십니다. 하나 여쭤볼 게 있어서 전화드렸는데요."

"네 말씀하세요."

"다른 게 아니라 구이면 원백여리에 백운산이 인터넷에 검색이 되는데 정말 백운산이 있나요?"

잠시만 기다려 달라며 수화기 내려놓는 소리가 들리더니 "죄송한데요 백운산에 대한 자료가 나오지 않아서 그러는데 혹시 백여리 이장님께 여쭤 보실랍니까?" 하며 전화번호를 알려준다.

"안녕하세요, 이장님. 구이면사무소에서 전화번호를 받았는데요. 혹시 그곳에 백운산이라고 있습니까?"

"아, 백운산말입니까? 바로 우리 동네 뒷산이 백운산입니다."

백운산이 있다는 말을 듣고 이번 백운산은 쉽게 찾을 수 있을 거라는 생각에 가슴이 뛴다.

이곳 백운산은 예로부터 엄뫼, 큰뫼로 불려져 오고 산줄기가 마치 어머니 품속 같다고 하여 부르는 모악산에서 서쪽으로 뻗은 곁가지에 화일봉을 지나 국사봉과 엄재 사이 분기점에서 동쪽으로 꺾어져 나와 또 하나의 450봉에서 이어지는 능선에 있다.

산행은 원백여리 마을에서 시작한다. 원백여리마을에 도착하자 오남국이장님은 작고 낮은 이름 없는 산을 찾아온 내가 신기하고 대단하다며 마을을 빙그레 둘러싸고 있는 야트막한 산 능선들 중 백운산이 가장 높은 산이라고 마을 이름과 유래에 대해 설명해 주셨다.

원백여마을의 본 이름은 희여티로 희여티 고개 밑에 마을이라 하여 '희다' 는뜻에서 白자를 따 백여리라 부른다고 한다.

이번 산행은 9년 전 전주에서 숲길체험지도사 교육을 함께 받았던 임평선 선생님께서 길잡이를 해 주신다.

임 선생님은 나침판을 들고 이장님이 알려주신 회관에서 마을 안길로 들어가 맨 꼭대기 집에서 좌측으로 꺾어 넓은 길로 올라간다. 그곳에는 잘 정리된 全州李氏 가족묘가 있고 그 위에 또 다른 묘가 있는 곳에서

왼쪽으로 희미한 등산로를 따라 올라간다.

능선길에 올라서자 시야가 확보되면서 완주군과 임실군의 높고 낮은 산들이 겹겹이 싸여 마치 오지를 연상케 한다.

산 아래는 꽃바람이 살랑거리는데 싸늘한 공기가 뺨을 스친다. 완만한 능선 길도 잠시 바스락거리는 낙엽을 밟으며 차오른 숨은 걸음을 재촉하자 된비알이다.

"선생님 제가 온다고 혹시 산을 세워 놓은 건 아니죠?"

등산로는 육산이지만 가파르고 낙엽에 묻혀 미끄럽다.

램블러에서 현재 2㎞지점과 1시간 5분이 지났다는 안내가 나온다.

산을 안내하는 등산로도 이정표 하나 없는 곳에 임 선생님은 간간이 나침판으로 위치를 확인하며 전망 좋은 데서 쉬어가자고 한다.

특별한 조망도 없는 곳에 작은 보폭은 1시간 20여 분 만에 450봉에 도착했다.

멀리 모악산이 시야에 들어온다. 사방팔방으로 뻗어 내린 산줄기가

마치 어머니 품속 같다하여 모악산으로 부르며 어머니가 어린 아이를 안고 있는 모양의 바위가 있어서 모악이라고 한다.

배낭을 내려놓고 삼각점을 확인해야 한다며 임 선생님이 서쪽능선으로 간다. 잽싸게 뒤를 따라 붙었다. 임 선생님은 450봉 삼각점을 확인하며 지도를 펴고 모악산의 지맥들을 짚어주신다. 지난날 모악산 지맥에 500m를 넘는 봉우리들을 답사했지만 이곳 백운산은 467m라 빠졌다는 이야기를 듣자 역시 산꾼이 틀림없다.

갔던 길을 다시 되돌아 배낭을 메고 정상을 향해 가파른 내리막길을 내려 다시 오르막을 오르자 좁지만 평평한 공간에 햇살이 내려앉는다.

백운산 정상이다. 마을에서 출발한지 3㎞로 1시간 30여 분 소요되었다.

벌거벗은 나무 틈새로 가득 채운 산줄기에 아직은 찬 기류가 서성거린다.

"선생님 정상 주 한잔 해야죠?"

낙엽 위로 앉아 맥주 한 캔을 꺼내 잔을 주고받았다. 바람에 실려 온 싸늘한 바람이 가지 끝에서 맴돈다. 기분이 날아갈 듯 기쁘다.

싸늘한 봄빛을 안고 하산은 원백여저수지 방향으로 내려섰다. 조금 내려오자 등산로는 보이질 않고 황량한 급경사가 앞을 막는다. 위에서 아래를 보니 가파르기 그지없는 그곳에 자세히 보니 기존에 있던 나무를 제거하고 소나무 식재를 해 놓았다. 우리는 저수지만 보며 걸어야 했다. 20여 분 미끄럽고 가파른 길을 여간 조심하지 않으면 안 되었다. 산을 내려오자 저수지 상류다. 저수지 옆으로 임도는 산으로 연결되어 등산로란 걸 말하지 않아도 짐작할 수 있었다. 얼마나 긴장을 했던지 옷

속에 땀이 나 축축하다.

걸음을 멈추고 왔던 길을 되돌아보니 산은 높지 않지만 너덜지대와 바위로 백운산이 마치 서 있는 듯 우뚝 솟아 있다.

미세먼지가 기승을 부리는 요즘 오늘은 최근 들어 가장 날씨가 좋은 듯하다.

산행을 마치고 앵무다움 체험장(☎ 063-223-0804) 을 방문했다.

그곳은 말 그대로 앵무새에게 직접 모이도 주고 말도 걸어보며 몸짓도 볼 수 있는 교육체험장이다. 앵무새의 노랫소리는 조용한 마을에 활기活氣를 주며 장거리 이동에 피로를 묻어주고 지루함을 없애준다.

(2019. 3. 14.)

8. 올망졸망 능선 길에 백운산

높이: 248.5m

위치: 전라남도 완도군

산행코스: 당 곡재 – 장군바위 – 덕암산 체육공원 – 덕암산 정상 – 내리막길 능선 – 임도 – 백운산 – 임도 – 덕암산 휴양림 – 덕암산 체육공원 – 당 곡재 (소요시간: 느림보 약2시간 30분/ 난이도 : 하)

별미: 자연생선회, 전복, 삼치요리, 해신탕 등

주변관광: 완도타워, 완도수목원, 청산도, 보길도 등

※ 가이드 팁: 승용차이용 – 고금고등학교(네비게이션)
– 전라남도 완도군 고금면 684번길 15
– 대중교통: 완도에서 군내버스

고금도는 원래 고이도古爾島라고 부르다가 고이도古你島로, 그 뒤 고금도古金島에서 지금의 고금도古今島로 부른다. 일설에 의하면 처음 이곳에서 고구마가 재배된 후 육지로 전래되었다고 하여, '고금도에서 나온 마' 라는 뜻으로 '고구마' 라고 불렀다는 이야기도 전해진다.

1589년(선조 22) 완도 덕동리에 고금진古今鎭이 설치되면서 강진군에 속했다가 1896년에 완도 주변의 섬을 합하여 완도군이 설치되어 1946년 약산도의 약산면을 분할하고서 농상리에 고금면 소재지를 두어 오늘에 이른다고 한 곳에 백운산이 있다.

날씨는 변덕쟁이

고금고등학교 정문에 차를 세우자 세찬 눈보라가 강하게 내리쳤다. 큰 도로에는 배낭을 멘 사람들이 바람에 밀리듯 걸어가다가 당곡재에서 걸음을 멈추고 누군가 기다리고 있다. 당곡재는 옛날 이곳에 당이 있었다고 하며 이 지역 사람들은 땅곡재라고도 한다.

이번 산행은 당곡재에서 전라남도 등산연합회 서인창 심판위원장님과 완도군 등산협회 회장 및 임원진, 그리고 특별히 월간 산 작가로 활동하신 한승국 작가님과 인사하고 산행을 시작했다.

동네 뒷산이 다 그러하듯 잘 모셔진 조상들의 선영을 지나 숲으로 들어서면 나지막한 소나무와 키 작은 잡목들이 엉켜 길을 막는 건 어디든 마찬가지로 고금도 역시 예외는 아니다. 잡목을 헤치며 10여 분 올라 선 등산로는 폭신한 흙길로 소나무 숲으로 이어졌다.

바람에 섞여 소나무가 뿜어낸 향기(피톤치드)가 콧속으로 들어와 몸에 퍼지자 머릿속이 맑아지면서 잡념까지 사라지는 기분이다. 소나무 숲길도 잠시 철 계단을 밟고 바위 위에 올라서자 올망졸망 바다에 떠 있는 섬 사이로 내려앉은 햇살이 마치 은빛물결 호수 같다.

가로등과 운동기구가 설치되어 있는 장군바위에서 좌측 가파른 길로 내려와 조심스럽게 내려오니 덕암산 체육공원이다. 덕암산으로 가는 등산로에 예전에 없던 계단이 하늘과 연결되어 있는 듯 끝이 보이지 않는다. 상쾌한 공기를 마시며 천천히 계단을 올랐다. 정상은 사방을 막힘없이 조망할 수 있는 전망대다.

바다 위에 떠있는 신지도와 약산도 그리고 생일도와 이름 모를 작은 섬들이 과히 장관이다. 갑자기 매서운 찬 공기가 주위를 덮치며 하늘은 잿빛으로 변했다. 추위는 순식간에 우리의 온 몸을 덮쳤다. 자리를 깔고 앉았던 일행들이 주섬주섬 배낭을 챙겨 반대쪽 능선으로 발걸음을 재촉하며 산아모(산을 좋아하는 산악회) 회장님의 뒤를 잽싸게 따라 붙었다.

평소 사람들이 많이 다니는 것 같지는 않아 보이는 산길에 부지런히 발놀림을 했다. 발밑에 느껴지는 푹신한 감촉이 참 좋다는 생각도 잠시 칼바람은 정신을 흐트러 놓고 달아났다.

남을 배려할 줄 아는 고마운 사람들

전국에 한파주의보를 들으며 산아모 회장님은 그동안 있었던 이야기 보따리를 풀었다. 사실 백운산을 오르는 등산로에는 무성한 숲으로 가득 차 있었지만 일주일 전에 완도군 등산연합회회장님과 산아모 산악회 회장님 그리고 서인창 전라남도등산심판위원장님과 특히 고금도 백운산악회 회원들이 나를 위해 정비를 해 두었다는 말을 듣고 고맙고 감사하는 마음에 눈물이 앞을 가렸다. 주위가 확 트이고 잘 정리된 언덕에 안전로프로 길을 만들어 둔 곳이 발목을 잡는다. 이곳은 고금면에서 꽃길조성을 해 놓은 곳이란다.

겨울바람이 사납게 얼굴을 때리고 차가워진 몸 뚱아리를 움직여 선명하게 일어서는 추억의 잔재들과 함께 '젊이시는 길' 로 들어섰다.

산길은 신작로처럼 넓고 훤했다. 겨울날의 차가운 바람에 떨고 있는 나뭇가지와 이파리들을 보며 현실 속 무게보다 더 무거운 한 숨을 나는 백운산 산길에 하나씩 내려놓았다.

산행을 시작한지 1시간 30여 분이 지났다. 일행 중 누군가 햇살이 비치는 따스한 곳에서 한 모금해야 한다며 자리를 폈다. 그리고 펼쳐 놓은 돗자리 위에 놓인 간식은 어느 집 진수성찬이 부럽지 않았다. 김밥 그리고 누드김밥, 닭도리탕과 감태국, 고동무침과 김치 등을 꺼내며 서울에서 오신 한 작가님이 말한다.

"막걸리는 참방참방해야 제 맛 이져."하며 흔들어야 맛있다고 막걸리 병을 위아래로 흔든다.

"막걸리 한잔 할라우?"

"아따 이 병에 들은 물이 더 만나당께 이것 좀 드셔봐여."

술잔에 눈이 떨어졌다. 우리는 술에다 눈을 담아 속을 태웠다. 산길에서 기우는 술잔의 맛은 훈훈한 정으로 향기와 아름다움을 담는다. 남을 생각하며 배려할 줄 아는 따스함으로, 단점보다는 장점이 많은 사람들이 만들어 준 산길에서 베풀어준 사랑은 꽁꽁 얼었던 추위를 녹여 버린다.

가야할 길,
주어진 길,
살면서 받아들이며 가야할 또 다른 길,
현실은 바람처럼 강물처럼 흘러가야 하는 순간이다.

시간이 정지라도 된 듯 숨을 죽이고

지난 주말에 정전가위로 잘라 둔 나뭇가지가 눈물을 그쳤다. 발갛게 익은 청미래 덩굴열매가 가지를 타고 하늘로 올라간다. 햇살은 세찬 바람을 재우고 찬 공기만을 뿜어댔다. 이제 정상을 향해 가는 발걸음은 몇 미터 남지 않았다. 앞서 간 완도 산아모 회장님이 걸음을 멈춘다. 모든 시간이 정지라도 된 듯…….

그곳은 표지석은 없지만 삼각점이 자리를 지키고 있는 정상이었다.

특별한 조망도 없는 정상이 다른 사람들에게는 별것 아니겠지만 나에게

는 의미 있고 소중한 순간이다. 기념사진을 찍고 또 찍었다.

살면서 힘든 일과 아픔과 좌절도 있었지만 오늘 이처럼 따스한 사람들과 함께 길을 열어 간다면 세상을 바라보는 긍정적인 눈은 모든 걸 이겨내고 향기 나는 사람으로 살아지리라. 어디선가 풍겨오는 낙엽 향기가 온몸을 파고든다.

끝으로 함께 길을 걷고 물심양면으로 도와주신 전라남도 완도군 등산연합회 회장님과 산아모 회장님 그리고 서 인창심판위원장님과 고금도 백운산학회 회원님들께 다시한번 심심한 감사의 글을 전하면서 고금도 산행을 마친다.

(2018. 2. 3.)

8. 구릉성 산지를 이루고 있는 백운산

높이: 212m

위치: 전라남도 함평군

산행코스: 동백마을 – 가족묘 – 정상 – 가족묘 – 동백마을

(소요시간: 1시간(왕복)/난이도: 하)

별미: 한우, 생고기 비빔밥 등

주변관광: 함평나비축제, 함평만 낙조, 고막천석교, 황금박쥐 전시관 등

※ 가이드 팁: **주소**– 전라남도 함평군 손불면 동암리 산 36의 5

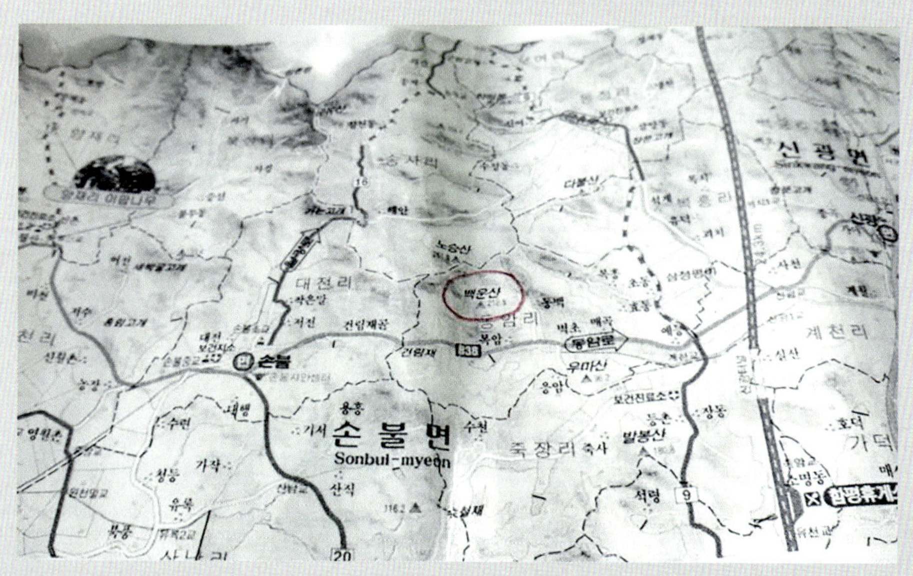

함평군의 동쪽은 광주광역시와 나주시, 남쪽은 무안군, 북쪽은 영광군과 장성군, 서쪽은 황해가 있다. 노령산맥의 여맥이 수지상樹枝狀으로 뻗어내려 구릉성 산지를 이루고, 그 사이를 영산강 지류들이 흘러 비교적 평탄한 지세를 이루고 있다. 중앙부에는 발봉산(鉢峰山, 179m) · 천주봉(天柱峰, 376m) · 고산봉(高山峰, 359m) · 기산봉(箕山峰, 148m) 등 잔구들이 발달해 있으며 기산봉은 함평읍의 진산으로 산정에는 기산산성이 있다.

산 아래로는 함평천이 흐르고 고산봉이 보인다. 하지만 손불면에 위치하고 있는 212m의 백운산은 높이가 낮아 어느 곳에도 소개되지 않고 있는 산이다.

뜻이 있는 곳에 길이 있다

광양에서 함평까지는 같은 전남이라도 가까운 거리는 아니다. 모든 일이 노력 없이 그냥 완성될 수 없듯이 하루를 다른 사람보다 일찍 시작하는 사람은 원하는 것을 조금이라도 더 얻을 수 있다는 생각으로 아침 일찍 집을 나섰다. 들어보지도 못한 마을을 찾아 나선다는 게 쉬운 일은

아니지만 요즘은 인터넷이나 사이트에서 길을 안내받아 가기 때문에 별 어려움은 없다. 나는 티-맵을 이용하여 일단 손불 면사무소 근처까지 가기로 한다.

남해고속도로~호남고속도로를 달려 동림IC에서 다시 광주 간 무안고속도로를 타고 함평IC 출구를 이용하여 2차선 좁은 도로를 달리던 중 차를 멈추게 한 것은 전라남도 기념물 제152호로 지정된 고분으로 삼국시대 이래 사회적 지위나 신분이 높았던 지배층의 무덤이다.

이곳은 일본의 전방후원분과 유형을 같이하는, 죽암리 고분으로 함평군 함평읍과 손불면, 신광면이 교차하는 떼등이라 불리는 낮은 구릉의 말단부에 자리 잡고 있다. 현재는 넓은 농경지가 바라다 보이지만 바다쪽에 제방을 쌓기 전에는 바닷물이 이 고분 앞까지 들어왔다고 한다.

고분의 형태는 북동쪽이 타원형상의 원형부이고 남서쪽의 앞이 팔자형으로 벌어져 방형부方形部를 이루는 전형적인 장고형長鼓形으로 영산강 유역의 핵심지역인 나주 일대에서는 찾아 볼 수 없고 외곽지역에만 발견되며, 군집된 것은 없고 1~2기씩 산재되어 있을 뿐이라는 사실에서 이는 그 피장자들이 여러 세대에 걸쳐 하나의 세력권을 형성한 것이 아니었음을 알 수 있다.

[Daum백과- 평죽암리 고분]

백운산의 위치를 지도에서 보고

오전 9시 40분, 집을 나선지 2시간 40여분이 지나 손불 면사무소에서 백운산의 위치를 따라 동백마을에 도착했다.

마을 어귀에는 당산나무가 마을 사람들의 풍요로움을 자랑이라도 하

듯 오랜 세월을 이야기하며 하늘을 향해 뻗어 있다.

마을을 둘러싸고 있는 산줄기 왼쪽 능선에 가장 높은 봉우리를 향해 가다가 밭에서 일하고 계시는 할머니가 계셔서 큰소리로 불렀다.

"할머니 여기 높은 산이 백운산인가요?"

"아녀, 이 산은 가랍산이라 하고 길이 없어 올라가지도 못해. 백운산은 바로 앞에 있는 저 산이야. 산꼭대기에 가문 솔이 있당께. 근디 아마 매똥 만든다고 차가 올라가서 질을 좋게 만들어 놨을거구만!" 하시면서 "누가 업어 가면 어쩔라고 혼자 댕겨?" 하시며 걱정을 하셨다.

"할머니, 걱정 마세요. 그리고 고맙습니다." 할머니께서 말해주신대로 다시 마을로 돌아와 마을 오른쪽 도로를 따라 들어갔다.

산 입구에 할아버지 한분이 밭에 씨앗을 뿌리고 계셨다.

"할아버지, 혹시 이 마을에 백운산이라고 있습니까?"

"아! 백운산? 바로 이 산이여. 흰 백자 구름 운자 써서 백운산이라 부른 당께."하셨다.

"할아버시 왜 그런 한자를 써서 이름을 지었는지 혹시 아신가요?"

"아 그거? 그건 말이여 산줄기에서 끝나는 곳에 있는 논마다 돌과 흰 흙이 있다 해서 그렇게 불렀는디 지금도 논에는 흰 흙이 있다는구만."

"어머 그래요? 다른 곳 백운산하고는 다른 뜻이네요."

풍수지리학

그렇다. 지금까지 백운산은 그 지역에서 가장 높은 산으로 산봉우리에 구름이 끼여 있어 부르는 것과는 달리 이곳 백운산은 풍수지리적으로 학이 날아가는 형국이라 하여 부리 끝부분이 마을 앞 논인데 논을 파보면 하얀 모래가 있다하여 백운산이라 부른다고 한다. 그리고 이곳에 오래전 이곳 함평교육지원청 교육장님이 정년을 하고 난 후 타계를 하자 그곳에 묘를 쓰고 관리를 해 왔는데 후손들이 교육계에서 대를 이어가고 있다는 것이다. 지금도 그분의 딸이 묘를 잘 보살피고 있다면서 현재 ㅇㅇ교육지원청장님으로 계신다고 하셨다.

그런 이야기를 듣고 나니 옛말에 '묘를 잘못 쓰면 집안이 망하고 묘를 잘 써야 집안이 잘된다.'는 말이 있듯이 명당이 있나보다 라는 생각이

들었다.

할아버지께서 알려 주신대로 길을 따라 올라가니 가족묘지가 나오고 등산로는 묘의 좌측으로 있다.

그 뒤로 대나무숲길이 이어지고 산길에서 자주 만나는 땅 싸리가 오월의 신록 속에 길손을 반겨준다.

홀딱 벗고 새(검은 등 뻐꾸기)가 여름을 노래하고 두견새가 아름다운 목소리로 들려주는 숲속이야기를 들으며 홀로 가는 길은 결코 외롭지 않다.

돌로 잘 정리되어 있는 계단 길을 거침없이 오르면서 세워보니 183개다.

아마도 산꼭대기에 묘정비를 하면서 만들어 놓은 듯싶었다.

마을에서 정상까지는 약 40분 소요되었다. 정상에는 잘 정리된 묘가 있고 그 뒤, 가장 높은 곳에 소나무 한 그루가 두 다리를 접으며 아름다운 자태를 뽐내고 서 있는 걸로 보아 정상이라는 것을 쉽게 알수 있었다. 그곳에서 바라다 보이는 동암리를 넘어 아기자기한 낮은 산줄기에서 따스함과 평온함을 느낀다.

건너편 가랍산과 이곳 백운산의 능선이 이어져 있는 것은 확인되지만 오월의 무성한 풀숲에 길손의 흔적이 없어 등산로를 찾을 수가 없다. 정상 아래 넓은 길을 한 바퀴 돌자 다시 정상으로 되돌아오는 길이었다. 손불면의 백운산 산행은 올라온 코스 하나로만 정리하며 산행을 마무리한다.

(2013. 5. 18.)

• 제3회 2016년 전국 산림치유 체험수기 '대상' 작 •

잃어버린 나, 山(숲)에서 찾다

소속 : 광양시 산림과 정다임

'아픈 사람의 마음은 아파 본 사람만이 안다' 고 한다. 아픔의 정도에 따라 병원이나 사람이 병을 치료해 줄 수도 있겠지만, 숲에서 자연과 함께 살아가는 동안 건강을 회복하고 살아가는 사람들 또한 많다. 나는 하마터면 한 쪽 다리를 절단하여 목발에 의지하는 삶을 살아야 할 뻔 했던 지난 45년 전 이야기를 하고자 한다. '나의 생각이 나의 운명이며, 행복과 불행은 내 스스로 만들고 찾는 것이라' 고 하신 법정스님의 말씀처럼 누구나 숲에서 찾을 수 있는 한 줄기 빛(희망)을 주고 싶은 마음으로 이 글을 쓴다.

내가 9살 되던 1971년 5월, 그 해 아카시아 꽃향기가 유난히도 진했다. 그 당시 우리 집에는 서른네 마리의 토끼를 키웠고 봄이면 질경이와 아카시아 나무 이파리를 따다가 밥을 주었다. 으레 학교에서 돌아오면 오빠를 따라 토끼풀을 뜯으러 가는 게 나의 하루 일과 중 하나였다.

그러던 어느 날, 그 날도 어김없이 대바구니를 들고 오빠와 토끼풀을 뜯으러 가다가 그만 땅바닥에 주저앉았다. 깜짝 놀란 오빠는 나를 업고 집으로 돌아왔지만 끝내 일어서지 못했다. 놀란 부모님은 번갈아 나를 등에 업고 여수 · 순천 · 광양에 이름난 병원과 한약방을 찾아 다녔지만 무슨 병인지 알지도 못한 채 내 오른쪽 다리는 점점 곪아만 갔다.

소문난 무당(무속인)을 불러 몇 차례 굿도 했다. 유명하다던 무당(무속인)을 불러 큰돈을 주고 굿을 하던 중 곪은 다리 뼛조각이 떨어져 나오자 무당은 '무巫' 가 나왔으니 괜찮아 질 것이라고 부모님을 안심시켰다. 하지만, 두 달이 지나도 차도는 없었고 계속 방에 누워만 있었다. 지칠 대로 지친 부모님은 날마다 한숨으로 하루하루를 보내고 있을 때, 작은 아버지께서 마지막으로 하동 어느 병원에 가면 명의사가 있으니 치료를 받을 수 있을 거라 하셨다. 곧바로 부모님은 소달구지에 나를 태우고 구불구불 진상 탄치재를 넘어 병원으로 갔다.

병원에 도착하자 엄마는 무슨 연유인지 의사 선생님께 무릎을 꿇고 '한 번만 제발' 이라고 두 손을 빌며 울고 있었다. 나중에 알게 된 일이지만 골수염이 심해 오른쪽 다리뼈가 썩어 들어가 무릎을 절단해야만 그나마 나머지 뼈라도 살릴 수 있다는 것이었다. 엄마의 간절한 그 애원은 의사 선생님께 「어차피 잘라야 할 다리라면 한 번만이라도 수술해 보고 그때 가서 절단하자」는 1%의 희망을 붙들고 매달렸던 간절함이 통했는지 나는 드디어 수술대에 눕혀졌고 하루가 지나고 나서야 깨어났다.

잠에서 깨어나자 수술 후 오는 심한 고통을 참을 수 없는 나는 하루 종일 엉엉 울기만 했다. 그런 나를 붙들고 엄마는 함께 울다가 달래보기도 하셨지만 9살 된 철없는 나는 아픔을 참을 수 없었다. 날마다 진통제로 아픔을 참아내고 그렇게 1년을 병원에서 보냈다.

새 학기가 시작되었지만 제대로 걸음을 걷지 못한 탓에 학교는 가지 못하고 날마다 집에서 시간을 보내다 4학년 2학기가 되어 겨우 학교에 나갈 수 있었다. 이 후 언니와 오빠 그리고 엄마의 도움으로 간신히 다리를 절룩거리며 학교에 가야했다. 이렇게 나의 초등학교 시절은 상처와 아픔으로 간신히 졸업하게 되었다.

1976년 3월 어렵게 중학교에 진학을 했지만 교복치마 길이는 내 수술자국을 덮지 못했다. 깊고 큰 수술자국이 창피하여 학교규정에 맞지 않게 친구들보다 치마 길이를 길게 해서 입었고 하얀 양말도 무릎까지 올려 신고 다녀야만 했다. 그러다 선도부 언니들이 교문을 지키는 날에는 맞지않은 치마길이와 무릎 위까지 올려 신은 하얀 양말은 규정에 어긋나 꼼짝없이 걸려 화장실 청소를 도맡아 했으며 귀 잡고 운동장 돌기로 벌을 받는 게 일쑤였다.

그럴 때마다 학교 가기가 죽기보다 싫었지만 부모님을 생각하면 죽을 수도 없었다. 부유하지도 못한 가정 형편에 병원비로 빚더미에 쌓여 우리 언니들은 상급학교도 포기했어야 했고, 그런 집안 사정을 잘 알고 있는 나는 미안한 마음에 아파도 아프다는 말도 못했다. 그럴 때마다 엄마는 나의 아픔을 사랑으로 보듬어 주셨고, 그 사랑에 다시 일어나 학교로 향했다.

그렇게 중학생 시절 3년을 슬픔과 어둠 속에서 보내고 고등학교에 진학했지만 또다시 다리는 부서지기 시작했고 아픔은 점점 커져만 갔다.

그러자 직장생활을 하던 오빠가 그 당시 수원에서 유명한 병원에서 재수술을 받게 했다. 오랜 세월이 지난 탓에 병원과 담당 의사 선생님이 잘 기억나진 않지만 퇴원을 앞두고 다리근육을 키우려면 가까운 산을 찾아 걷기 운동을 많이 하라는 말씀을 해 주셨다. 꿈 많은 나의 여고 시절은 가난과 아픔으로 친구들과의 아름다운 추억 하나 남기지 못한 채 하얀 백지의 노트 한 권으로 진저리치고 말았다. 고등학교 졸업을 앞두고 대학은 꿈도 꾸지 못한 채 회사에 취직을 했다. 회사 생활 역시 수술 자국으로 인해 모든 일에 자신감을 잃고 주위 사람들과 어울리지도 못했다. 사회는 보이지 않는 벽으로 나와 담을 쌓았고 그럴 때마다 오직 다리 근육을 키우는 것만 전염했다. 주말만 되면 산에 다니는 것을 게을리 하지 않았고, 취미생활로 등산 동호회에도 가입하여 틈만 나면 다리 근육을 키우기 위해 쉬는 날이면 밤새 기차를 타기도 하고 때로는 대중교통을 이용해 전국의 높고 낮은 산들을 찾아 다녔다. 어쩌다 간혹 언니와 목욕탕에 가는 날이면 나는 쥐구멍이라도 있으면 들어가 숨어버리고 싶은 심정이었다. 짧은 치마 짧은 바지를 입지 못한 슬픔이 서러움으로 변해 우울증까지 앓은 나는 어두운 그늘 밑에서 남몰래 눈물을 훔치는 때가 많았다. 그걸 알아차린 언니는 더 이상 목욕탕에 데려가지 않았고 대신 산을 함께 오르면서 나의 아픈 마음을 어루만져 주곤 했다.

결혼 적령기에 들어서 친구들은 하나둘 씩 결혼을 하였지만 감히 결혼을 생각도 못했다. 수술로 생긴 자국에 긴 바지만 입고 살아오며 삶의 자신감을 잃은 나를 좋아할 남자가 있을까? 하는 생각으로 맞선 한 번 보지 못하고 결혼도 포기하고 전국의 산을 오르다가 서른 살이 되면 속세를 떠날 생각뿐이었다. 산을 오르는 생활을 게을리 않은 덕택에 내 다리에 근육은 단단하게 붙었고, 절뚝거리던 다리도 서서히 좋아지기 시작했다.

내 나이 27살 되던 해 망가질 때로 부서진 마음에 드디어 한줄기 인생의 불꽃이 튀었다. 아픔을 견디며 살아온 삶을 지켜보았던 어린 시절 친구가 청혼을 해 온 것이었다. 나는 모든 것에 자신감 없는 말로 콤플렉

스에 대한 이야기를 하며 거절을 했지만 그 남자 친구는 모든 것을 안아 주며 한 가지 약속만으로 우리는 결혼했고, 주말이면 남편과 함께 산에 오르면서 미래를 설계하면서 나는 두 아이의 엄마가 되었다.

두 아이 손을 잡고 산에 가는 날에는 마치 무릉도원으로 가는 듯 기뻤다. 살아 있다는 것에 감사하고 걸을 수 있다는 것에 더욱 감사했고 가족이있다는 것에 더더욱 감사했다. 남편도 시간이 허락하는 날이면 네 식구가 밝은 내일을 향해 함께 산에 올랐다. 그렇게 결혼생활은 어느새 40대 중반에 들어섰고 나는 내 마음을 향해 스스로 물었다.

'이제부터 내 인생의 주인이 되어 살 수 있겠느냐고…….'

지금까지는 다리의 근육을 키우기 위해 산을 찾았고 그 산(숲)에서 나는 다리의 근육뿐 아니라 내 몸의 구석구석 누구보다도 건강한 삶을 선물 받았기에 이제부터는 내 삶의 주인이 되어 살고 싶은 마음이 생겼기에 좀 더 의미 있는 삶을 살고 싶었던 것이었다.

그러던 어느 날 매일 함께 산을 다니던 지인의 충고가 마음을 움직이게 했다. 산을 좋아하고 산에서 건강을 찾았으니 그냥 헛된 삶을 살지 말고 뭔가 목표를 세워 도전해 보라는 말을 듣고 평상시 생각해 왔던 등산 안내인이 되는 길을 찾아보기로 했다. 2007년 봄 학기가 시작되고 집에서 가까운 순천대학교 평생교육원에서 자연환경해설가 과정을 수료하고 그 해 가을 순천만 에코가이드를 거쳐 산을 좋아하던 나는 2008년 2월 18일에는 광양시 백운산 자연휴양림에 숲 해설가로 첫 출근을 하게 되었다. 숲을 좋아하는 나로서는 잊을 수 없는 날이다.

2009년 다시 숲 해설가교육을 이수한 후 산(숲)에 대한 열정을 호흡으로 토해내 휴양림에서 20개월의 기간제 근무를 마치자 광양시는 나를 외면하지 않았다.

2010년 1월 4일 산림청 소속이 아닌 광양시 무기계약 낮은 직위에 해당되지만 "백운산 숲 해설가"로 새롭게 내가 태어났다.

그 후, 2011년에 전주 대한산악연맹에서 숲 길체험지도사 교육을 수료하고 당당하게 숲 해설가와 숲길 체험지도사로서 최선을 다하는 모습에 두 아이는 엄마한테서 '하면 된다.'는 것을 배웠다며 더 열심히 학교생활을 하며 좋아했다. 그런 아이들은 어느새 성장하여 대학을 졸업하고 당당히 대기업에 취직도 하게 되었다. 그리고 나는 뒤늦게나마 야간 대학에 진학 하여 내년 2월이면 졸업을 하게 되는 기쁨도 함께하고 있다.

40대 중반에 백운산 숲 해설가가 되고 난 후 숲이 중요하다는 것을 잘 알고 있지만 실제로 얼마나 중요한지 피부로 느껴보고 싶은 마음에 숲이 없는 '안나푸르나 트레킹'을 다녀오고 난 후에는 산소의 중요성과 나무가 없는 곳의 어려움을 현장감 있게 해설할 수 있었다. 우리는 늘 숲과 가까이 있기에 숲에 대한 고마움을 잊고 살 때가 많다. 하지만 몸이 불편해 봐야만 숲을 찾으며 산소가 없는 곳에 가서야 비로소 산소가 중요하다는 걸 깨우친다. 산을 좋아하는 나는 산에 대한 욕심이 많다. 단순히 산행만 즐기는 것이 아니라 테마가 있는 산행 계획을 세워 그 산의 특징과 역사와 문화도 함께 엿 보고 다녀온 후에는 산행일기를 쓰는 게 유일한 취미가 되어서 지금 나의 재산으로 남아 있다.

대한민국 산하에 백두대간, 정맥길, 때로는 지맥과 기맥 길도 모자라 국립공원 제1호인 지리산 종주는 65번을 넘게 다녔으며, 둘레길 22구간을 다 걷고 난 후 전국에 백운산을 산림청에서 나오는 자료와 인터넷을 검색하여 32개의 백운산白雲山과 4개의 백운봉白雲峰, 1개의 백운대白雲臺를 찾아 다 올랐다. 산이 있으면 바다가 있고 그 바다의 시작점은 바로 산에서부터 시작된다. 내가 살고 있는 광양은 백운산과 섬진강이 광양 시민들의 성지와 같은 곳이다. 또한 섬진강 속살을 보고 나서 섬진강을 이야기를 해야겠다는 생각으로 작년(2015년) 8~10월까지 매주 일요일마다 발원지인 전북 진안군 소재 데미샘에서 망덕포구까지 약 550리 길을 두 발로 걸으며 얻은 성취감은 이루 말할 수 없었다.

우리 땅 전국 각지의 수많은 산행 경험과 교육을 통해 얻은 지식으로 지금은 숲 해설가와 숲길 체험지도사로 광양시 산림부서에서 산과 숲을 이야기 하고 있으며 「KBS 영상앨범 산」과 「MBC 사람 산」에서 광양시 백운산을 알리는 파수꾼이 되는 행운도 얻게 되었다. 특히 산악인 신영철 대장님은 나에게 전국에 산재한 백운산을 종주해 줘서 고맙다는 말씀도 남기셨다. 이 모든 것은 산에서 만큼은 누구보다도 건강하고 당당한 삶을 살아가고 있기 때문이 아닌가 싶다.

이제 나는 오십대 중반을 넘어서는 나이다. 언제부턴가 보이지 않는 벽을 뚫고 사람과 사람이 몸을 비비며 누군가에게 무엇을 남겨줘야 한다는 생각으로 변하는 일상들을 보듬고 배려하며 함께하는 삶을 살고 싶어졌다. 요즘 신문이나 언론에서 피톤치드가 우울증이나 암 예방에도 좋다는 보도를 자주 접한다. 나의 생각으로는 광양 백운산 단일 숲만 하더라도 '100억 달러 이상의 가치가 있는 자산' 이라고 감히 주장한다. 그 이유는 45년 전 1%의 희망을 안고 다시 태어난 내 삶의 태동과 성장기는 아무도 가질 수 없는 삶의 훈장이 되었기 때문이다. 비록 어렸을 때에는 골수염이라는 병과 싸우며 심한 우울증까지 앓아 삶을 포기하려 했었지만 결국 35년간 삶을 산에다 투자한 뒤에 산으로부터 새로운 삶을 선물 받은 셈이 아닌가!

'만약 어린 시절 정말로 한 쪽 무릎을 절단했다면 나는 어떤 꿈을 가지고 어떤 삶을 살고 있을까?' 하는 생각을 해 본다. 지금 나의 두 다리가 이렇게 멀쩡한 것은 단순히 병원치료에서 극복한 것이 아니라 수년간 등산으로 마음의 병과 상처를 치유하고 보잘 것 없는 나를 사람답게 살 수 있도록 건강한 삶과 직장까지 준 것은 산(숲)이다. 나에게 소망 하나가 있다면 나를 낫게 해 준 고마운 숲에 대한 보답으로 숲의 중요성을 알리는 진정한 숲의 전령사가 되는 것이다.

몸과 마음이 지쳐 있는 분들과
"잃어버린 나를 찾기 위해"
함께 숲으로 들어가
그들의 마음에
따뜻한 온기와 희망을 주고 싶다.

내 삶의 훈장이 되어 있는 그 수술자국을 떠올리면서, 그 무엇도 내 삶을 그르치는 장애가 될 수 없듯이 문제는 극복하려고 하는 의지와 사랑이라고 말이다.

[작품해설]

전국의 백운산을 찾아서
– 정다임 수필집 《걷는 자의 꿈1》

정종명 | 소설가

● 작품해설 ●

전국의 백운산을 찾아서

– 정다임 수필집《걷는 자의 꿈 I》

정 종 명
(소설가 · 계간문예 발행인)

우리나라 지도를 들여다보면 백두대간을 중심으로, 용맹스러운 호랑이를 닮은 모습을 하고 있다. 북쪽에서 남쪽으로 산줄기가 뻗어 있다. 우리나라는 산이 많다. 삼면은 바다로 둘러싸여 있지만, 우리나라 땅의 70%는 산지로 이루어졌다. 크고 작은 산들이 만든 산맥들은 지형의 특색을 나타내고, 산맥의 위치에 따라 기후도 달라진다. 우리나라의 산들은 험하거나 가파르지 않고 대체로 낮아서 사람들이 살기 좋은 환경을 만들어 주고 있다.

우리나라를 대표하는 산으로는 백두산, 금강산, 설악산, 지리산, 한라산 등이 있으며, 산림청에서 발표한 우리나라의 산은 4천 개가 넘는다.

나는 산과 인연을 맺은 지가 어언 40년에 가깝다. 9살 때 골수염을 앓아 병원에서 한쪽 다리를 절단하자고 했지만, 어머니의 간절한 소망으로 수술을 하였고, 그 후 재수술을 받으면서 다리 근육을 키우기 위해 산과 인연을 맺었다.

처음 산을 오를 때는 가족들의 도움으로 건강을 위해 올랐지만 건강이 좋아지면서 욕심이 생겼다. 그래서 백두대간, 정맥 길, 그리고 지맥과 기맥뿐 아니라 곳곳에 흩어져 있는 우리 산 우리 땅을 밟으며 지리산 종주만 하여도 65번을 하였다. 그리고 해외 트레킹도 기회만 오면 게을리하지 않았다.

그것도 부족해 전라남도를 지키고 있는 작고 낮은 산을 오르내리다가 더러는 산악회 대장 노릇을 하다가 광양시청에 입사하여 백운산 등산지도를 만드는 영광의 기회를 얻어 백운산을 찾는 이들에게 조금이나마 도움을 줄 수 있게 되어 뿌듯했다.

정다임 수필가는 산과 인연을 맺은 것이 건강 때문이라고 밝히고 있다. 건강 때문에 40년을 산과 가까이 지내다가, 백운산 등산지도를 만드는 영광까지 얻은 산악인이다.

정다임 수필가는 현재 광양시청에 근무하고 있는 현역 공무원이다. 40년간 우리나라의 산 구석구석을 두 발로 밟으며 철저한 답사 끝에 《걷는 자의 꿈1》이라는 산악일기를 썼다. 1로 시작하였으니 이어서 2, 3의 산악일기가 계속되리라 믿는다. 65번이나 지리산 종주를 한 것만 보아도 《걷는 자의 꿈 I 》에 실린 글들은 생생한 정보라는 신뢰에 바탕을 두고 있다.

산에 대한 안내뿐만 아니라 산행코스, 별미, 주변 관광 등을 소개하고 있다. 특히 이번 산악일기에는 백운산白雲山, 백운봉白雲峰, 백운대白雲臺 등 백운白雲이라는 이름을 가진 전국의 백운산을 섭렵했다. 백운산은 큰 산이나 그 지역을 대표하는 산으로 흰구름이 늘 머물러 있는 데서 유래된 이름이다. 백운산은 강원도에 5개, 대전과 충청도에 5개, 부산과 경상도에 12개, 서울과 경기도에 6개, 전라도에 9개로 전국에 37개가 있다. 정다임 수필가의 뒤를 따라가다 보면 독자들도 전국의 백운산을 자연스럽게 품에 안을 수 있을 것이다.

능선의 바람은 말 그대로 칼바람이다. 쌓인 눈이 바람에 밀려 둑이 된 등산로는 무릎까지 푹푹 빠지며 겨울산행의 묘미가 제법 쏠쏠하다. 혼신을 다해 된비알로 20여 분 올라가자 제천시 백운동에서 상리 계곡을 거쳐 올라오는 길과 손을 잡았다. 상리 계곡은 맑고 깨끗한 계류수가 흘러 속세를 떠난 듯한 기분을 젖게 한다는데 그곳은 다음 기회에 탐방해 보기로 하고 정상으로 걸음을 옮겼다.

정상에는 원주시에서 세운 정상석과 제천시에서 세운 정상석이 서로 달라 2개의 도가 엇갈림을 보여주고 있다.

– 〈용의 전설이 서린 백운산〉

나는 강원도 산 속 깊숙이 숨어서 말없이 흘러가고 있는 이곳에 온 것이 자랑스럽다. 어디선가 하늘을 날아 회색빛 안개가 심술이라도 난 듯 아름다운 풍광에 내려앉아 조망을 삼켜 버린다. 전라도 광양에서 강원도 정선까지 어둠을 뚫고 숨 가쁘게 달려와 혼돈의 시간을 비껴가며 거친 숨소리를 울리며 땀이 범벅되어 있는 된비알인 두 다리를 세 개의 돌탑(정상)이 세워져 있는 초록의 숲에 앉혔다.

– 〈애환이 섞여 있는 동강 백운산〉

공자는 논어 옹야편에서 '지자요수知者樂水 인자요산仁者樂山, 지자동知者動 인자정仁者靜, 지지락知者樂 인자수仁者壽' 라고 했다. 지자는 물을 좋아하고 인자는 산을 좋아한다. 지혜로운 사람과 어진 사람을 대비한 표현이다. 슬기로운 사람은 물을 좋아하고 어진 사람은 산을 좋아하는데, 지혜로운 사람은 역동적이며 어진 사람은 고요하고, 지혜로운 사람은 즐기며 어진 사람은 유연자약하다고 한다. 흐르는 물처럼 현실도 끊임없이 변한다. 지혜로운 사람은 변화를 대처하며 잘 받아들이기 때문에 물을 좋아한다고 한 것이다. 어진 사람은 희로애락을 포용하는 마음으로 고요하고 의연한 산을 좋아하는 것이다. 변화무쌍한 것은 물이고, 의연한 것은 산이라는 의미다.

정다임 수필가는 40년을 한결같이 산을 좋아하고 산을 벗 삼아 전국의 산을 찾아다녔다. 일단 산속에 들어가면 속세를 떠난 듯 하늘과 맞닿은 기분에 젖어든다. 온갖 욕심 다 내려놓고 고요에 젖어든다. 전라도 광양에서 강원도 깊숙이 백운산까지 달려와 산에 안기면 세상을 다 얻은 부자가 된다. 산은 모든 것의 시작이다. 사람과 산 사이에 만남이 이루어지고, 숲과 산골짜기에서 의식주를 제공받는다. 산의 품은 넓고 깊다. 산은 사람의 정신세계를 지배하고, 사람은 산을 통해 변화무쌍한 용기와 지혜를 얻는다.

용궁사를 둘러 본 후, 정상을 향해 가는 오르막길에 비치는 햇살 때문인지 냉기가 서려 뺨은 시리지만 몸속에는 땀이 났다. 삶의 어느 순간 태초의 만남이 곳곳에 숨어 있는 듯 고요에 잠겨 적막이 감돌았던 정상은 희미한 모습으로 길손에게 자리를 내어준다. 그곳에는 사방을 조망할 수 있는 데크와 정자 그리고 전망대가 있다. 날씨가 좋으면 인천국제공항은 물론 인천대교를 비롯하여 영종대교까지 한눈에 보이고 특히, 이곳은 일몰과 야경이 아름다워 사진작가들로부터 인기를 독차지하고 있다는데 오늘은 희뿌연 안개가 시야를 가려 풍광을 볼 수가 없어 아쉽기 그지없다.

주변에는 여러 군데 돌무더기가 남아 있고, 맞은편 북쪽 맞은편 봉우리에는 봉화대의 흔적이 있다. 산이 낮고 전형적인 육산으로 오름이 완만하고 산세가 부드러워 누구나 부담 없이 오를 수 있는 영종도 백운산!

기회가 된다면 여유를 두고 다시 한 번 올라 석양으로 물든 아름다운 야경을 보고 싶다. 살며시 불어오는 바람에 눈송이가 날린다.

– 〈일몰과 야경이 아름다운 백운산〉

인천 영종도 백운산에 있는 용궁사를 둘러보고 적은 산행일지 일부이다. 용궁사는 신라문무왕10년(670년)에 원효대사가 창건하여 백운사라고 부르다가 철종5년(1854년)에 흥선대원군이 용궁사로 이름을 바꾸고 현판까지 써 주었다고 한다. 불교 신자가 아니더라도 산에 갔다가 절이 있으면 반갑고, 마음도 숙연해진다. 산이 거기 있으니까 산에 간다. 산에 가면 산을 알게 되고, 산을 만나면 자신을 만나게 된다. 산에 오르는 목적은 순수해야 한다. 정상 등반을 위해 산에 오르는 것이 아니라, 한발 한발 산에 오르는 과정에서 산의 환경과 기상 조건 등 어려운 상황을 통해 얻어지는 다양한 가치를 깨닫기 위해 산에 오른다. 누구나 산 정상에 올라가 보고 싶은 욕망이 있다. 투철한 도전 정신이자 자아실현에 다가가려는 노력의 값진 결과물이다.

> 하늘이 유난히 파랗다. 이곳 백운산은 남한의 백운산 중 2번째 높이를 자랑하고 있는 것만큼 동서남북으로 뻗어 내린 웅장한 산세와 심산유곡을 자랑하는 백두대간 최고의 전망대로 탐방객의 마음을 사로잡는다. 남쪽 하늘에 하늘 금을 그은 지리산의 주능선이 파노라마처럼 다가온다. 노고단에서 천왕봉까지 그리고 반야봉의 자태가 마치 그리움의 경지를 넘어 차라리 연민처럼 느껴진다. 북쪽 끄트머리에 태평스레 앉아 있는 넉넉한 덕유산 옆으로 황석, 거망, 금원 기백의 줄기가 한 줄로 늘어져 있다. 가야산, 황매산도 가물거린다. 서쪽 어깨에 백운산과 맥을 같이한 장안산이 양쪽 날개인 양 나란히 맞대어 멋진 풍광을 자아내며. 전형적인 육산임을 자랑한다.
>
> – 〈백두대간 길목을 지키고 있는 함양 백운산〉

함양 백운산은 1,278m로 경상남도 함양군과 전라북도 장수군 경계의 백두대간 길목에 위치한다. 장수군은 산간지대로 눈이 많이 내리는 지역이다. 눈으로 덮인 산을 오르고 나면 마음까지 희석되고 온갖 잡념은 스르르 꼬리를 감춘다. 함안 백운산은 최치원 선생, 백용성 선사 등이 기도하던 곳으로도 유명하다. 산은 사람을 품는다. 사람은 자연과 더불어 조화를 이루며 살아야 한다. 사람도 자연이니까. 산을 오르다 보면 무념無念의 상태에 들어가게 된다. 무아의 경지에 도달하면 자신을 돌아보며 새 힘을 얻게 된다.

해럴드 V. 멜처트는 '하루하루를 산에 오르는 것처럼 살아라. 천천히 그리고 꾸준히 등반하되 지나치는 순간순간의 경치를 감상하라. 그러면 어느 순간 산 정상에 올라 있는 자신을 발견할 것이며, 그곳에서 인생 여정 중 최대의 기쁨을 누릴 것이다.' 라고 피력하지 않았는가.

> 칼날을 베어 갈 듯이 차가운 바람을 맞으며 산행은 운암교 근처 골재 채취현장이 있는 곳에 주차를 하고 작은 실개천을 건너 비닐하우스 왼쪽으로 내려온 산줄기를 잡고 올라갔다.
>
> 앙상한 나뭇가지가 인간의 탐욕을 덮은 것인지 등산로에는 수북이 쌓인 낙엽이 냉랭한 겨울 한기가 몸속으로 파고든다. 간간히 묘지를 지날 때마다 발밑에서 바스락거리는 소리에 온몸이 오싹해지며 털끝을 세우고 능선의 차디찬 바람은 산등을 돌고 돌아 말 등 같은 등산로에 뿌리고 달아난다.
>
> 햇살에 몸을 반짝이며 앙상한 나뭇가지 사이로 드러내는 금강의 속살은 조망의 설렘을 안겨준다.
>
> – 〈금강의 물줄기에 발 담근 공주 백운산〉

금강 백운산은 험하지도 않고 거리도 짧아서 등산 초보자들이 찾기에 좋은 산이다. 완만한 능선을 따라 정상에 올라 금강을 내려다보며 주변을 둘러보면 몸과 마음이 정화되고 자연과 하나 되는 순간을 맞이할 수 있다. 조금씩 산을 알아가면서 나무와 새들과 대화를 나누다 보면 산과 더 친해질 수 있다. 참나무들이 하늘을 덮을 정도로 풍성하고 금강의 물줄기가 바람을 보내주기도 하는 금강 백운산에 올라가면 마음도 편해지고, 산의 정기를 받아 더욱 건강한 생활을 할 수 있다.

"순수하고 거짓 없는 자연과 매몰찬 바람 앞에서 나는 서쪽하늘의 거대한 핏빛 바다에 어리석음을 던져 불을 지폈다. 현란한 내일의 여정을 계획하며 낮고 낮은 산비탈에 푸르고 울창한 나무에 각양각색으로 다가서는 석양빛에 비친 모습에 매료되어…"

정다임 수필가는 산에 가면 이처럼 점점 더 낮아지는 겸손을 배우고 하산한다. 자신의 한계를 깨달을 줄 아는 인자가 된다. 정다임 수필가에게 산행은 자연스러운 삶의 일부이다. 오랫동안 산을 떠난 적이 없다. 산과 벗하며 친구를 만나고, 사랑을 주고받는 반려자 수준인 듯하다. 정다임 수필가가 산에 오르는 것은 신앙의 경지까지 도달했다고도 할 수 있다.

특히, 전남에서는 지리산 다음으로 가장 높은 산이며 전국 36개의 白雲 중 세 번째 높이를 자랑하고 있다. 정상에서는 장쾌한 지리산의 주능선과 남해안 한려수도, 그리고 광양만의 환상적인 조망을 볼 수 있으며 10㎞가 넘는 4개의 능선이 남과 동으로 흘러내리면서 4개의 깊은 계곡(성불, 답곡, 어치, 금천)을 만들어 놓고 있다.

산세는 대체적으로 가파르지만 능선에 오르면 전형적인 육산으로 길은 완만하며, 서쪽으로 형제봉, 도솔봉(1,123m), 따리봉(1,153m) 등의 산들이 구례군과 경계를 이루고, 남쪽으로는 비봉산(515m), 일자봉 등의 산들이 순천시와 경계를 이루고 있다. 그리고 동쪽으로는 억불봉(1,008m), 쫓비산(537m), 불암산, 국사봉 등의 산들이 자연스럽게 형성되어 있다.

식물의 종류도 다양하게 많아 현재 발표된 종수가 980여 종이 넘는다. 그중 멸종 위기인 광릉 요강꽃과 쇠뿔투구 그리고 나도 승마가 자생하고 있어 일반인은 물론 식물학자들에게도 큰 인기를 끌고 있는 산이다.

광양 백운산은 예로부터 또 신령스런 산으로 소문이 나 있다. 한반도의 남단중앙부에 우뚝 솟아 봉황, 여우, 돼지의 세 가지 신령한 기운을 간직한 영산으로 백두대간에서 갈라져 나와 호남 벌을 힘차게 달려와 호남정맥을 완성하고 섬진강 550리 길을 갈무리한 명산이다.

– 〈다양한 동 · 식물이 살아 있는 광양 백운산〉

전국에 있는 백운산을 다 올라가 보았지만 광양 백운산은 정다임 수필가의 고향 산이라서 더욱 애착이 간다. 광양 백운산은 백두대간 영취산에서 갈라져서 금 · 호남정맥으로 이어지다 주화산에서부터 순수호남정맥을 달려 걸음이 멈춘 곳으로 백두산의 장엄한 기운이 가장 먼 길을 달려와 맺혀 있는 곳이라고 한다. 한반도의 남단 중앙부에 우뚝 솟아 봉황, 여우, 돼지의 세 가지 신령한 기운을 간직한 영산으로 백두대간에서 갈라져 나와 호남벌을 힘차게 달려와 호남정맥을 완성하고 섬진강 550리 길을 갈무리한 명산이라고 한다. 예로부터 신령스런 산이었다며 다양한 설화를 곁들여, 8개 이상의 등산코스를 자세하게 설명해 주는 친절도 돋보인다.

등산 초보자들도 산을 좋아하도록 친절하게 안내해 준 저자의 마음이 진솔하게 느껴진다. 산을 통해 자연에 동화될 수 있는 독자가 많이 늘어나길 바란다. 자신과의 싸움이나 도전 정신을 기르고 싶은 젊은 사람들, 인생의 경륜에 따라 건강을 챙기고 싶은 사람들 모두 하늘과 가까운 산에 올라보면 좋은 점을 많이 발견할 것이다. 많은 사람들이 정상에 서고 싶어한다. 그 정상이란 반드시 산의 꼭대기가 아니다. 자신이 오른 마지막 지점이 하나의 종점이며 자신의 모습을 바꾸는 지점이다. 산의 정상까지 오르지 못해도 상관없다.

전국의 백운산을 두루 다녀온 정다임 수필가의 제2, 제3의 《걷는 자의 꿈》을 기대하며, 축하하는 마음을 담아 '산은 산이요 물은 물이로다.' 라고 한 성철스님의 말씀을 새삼 되새겨본다.

계간문예수필선 112

걷는 자의 꿈 I

초판 인쇄 | 2019년 4월 9일
초판 발행 | 2019년 4월 12일

지 은 이 | 정다임
회 장 | 서정환
발 행 인 | 정종명
편집주간 | 차윤옥

펴낸곳 | 도서출판 계간문예
편집부 | 03132 서울 종로구 삼일대로 30길 21 종로오피스텔 1209호
주소 | 03132 서울 종로구 삼일대로 32길 36 운현신화타워 305호
전화 | 02-3675-5633, 070-8806-4052
팩스 | 02-766-4052
이메일 | munin5633@naver.com
등록 | 2005년 3월 9일 제300-2005-34호
ISBN 978-89-6554-198-1 04810
ISBN 978-89-6554-133-2 (세트)

값 16,000원

이 도서의 국립중앙도서관 출판예정도서목록(CIP)은 서지정보유통지원시스템 홈페이지(http://seoji.nl.go.kr)와 국가자료공동목록시스템(http://www.nl.go.kr/kolisnet)에서 이용하실 수 있습니다. (CIP제어번호: CIP2019013507)